雄大《ゆうだい》な飯豊連峰《いいでれんぽう》のふもとに広がる喜多方市《きたかたし》。山の清《きよ》らかな雪どけ水が、田畑《たはた》をうるおしてくれる

喜多方市《きたかたし》の花に制定《せいてい》されている
ヒメサユリは、田植《たう》えが終《お》わる
ころ開花《かいか》の時期《じき》をむかえる

小学校《しょうがっこう》農業《のうぎょう》科《か》の1年

春　田畑《たはた》の土を耕《たがや》し、種《たね》や苗《なえ》を植《う》える

▲クワの使《つか》い方を教わり、
畑《はたけ》の土を耕《たがや》す

育苗箱《いくびょうばこ》に種《たね》モミをまいているところ。ここからイネの苗《なえ》が育《そだ》つ ▶

田植《たう》えは春の一大イベント

畑《はたけ》に作物《さくもつ》の苗《なえ》を植《う》える

夏

水やりや草とりをして、作物《さくもつ》を育《そだ》てる

草とり、がんばれ！

作物《さくもつ》の成長《せいちょう》を観察《かんさつ》する

イネかりは力を合わせて行う

秋 作物《さくもつ》を収穫《しゅうかく》し、調理《ちょうり》をして味《あじ》わう

大きなサツマイモがとれたよ！

自分たちで作ったもち米をつく

田んぼに畑《はたけ》に笑顔《えがお》がいっぱい

喜《き》多《た》方《かた》市《し》小《しょう》学《がっ》校《こう》農《のう》業《ぎょう》科《か》の挑《ちょう》戦《せん》

浜《はま》田《だ》尚《なお》子《こ》＝文

感動ノンフィクションシリーズ

田んぼに畑《はたけ》に笑顔《えがお》がいっぱい

もくじ

はじめに

《農業《のうぎょう》通じ心豊《ゆた》かに》

大きな見出しでそう書かれた新聞記事《きじ》をわたしが読んだのは、二〇一二年十二月十三日のことでした。

記事《きじ》には、福島県喜多方市《ふくしまけんきたかたし》の小学校のことが書いてありました。

喜多方市《きたかたし》では、すべての市立小学校で、農業《のうぎょう》を勉強しているというのです。

教科の名前は「喜多方市小学校農業科《きたかたししょうがっこうのうぎょうか》」。

小学校に教科として農業《のうぎょう》をとりいれたのは、全国《ぜんこく》で喜多方市《きたかたし》がはじめてということでした。

（小学生が農業《のうぎょう》を学んでいるなんて、すごいなぁ）

わたしは、すっかり感心《かんしん》してしまいました。

農業通じ心豊かに

各地で「食育」「体験学習」などが実践されているが、福島県喜多方市は小学校に農業科を設け、年間を通して授業をしている。近隣の農家も参加する、全国唯一の先進的な取り組みを紹介する。

水稲の種まきをする子供たち＝喜多方市立関柴小学校で

農 and 食

福島・喜多方市

授業化で地域活性

「蔵とラーメン」で知られる喜多方市は、06年に全国で初めて小学校の教科に「農業科」を設置したことでも注目を集めている。これは03年から始まった「構造改革特区」制度を利用したもので、当初3校からスタートした「農業科」は、今では特区から「総合的な学習の時間」に移行し、市内の全小学校17校に広がった。参加児童数は3年生から6年生までの約1900人。年間35時間、1年を通じて農業を学んでいる。

支援員と一緒に畝立て作業をする子供たち＝喜多方市立松山小学校で

喜多方市が小学校の教育に農業を取り入れた理由は、子供たちの心の成長にある。当時、不登校の増加、自律心や学ぶ意識の低下、生活習慣の乱れ、規範意識や社会性の希薄化など、子供たちを取り巻く問題は深刻な状態だった。そこで、農業が持つ〝子供たちの豊かな心を育む力〟を教育に生かそうとしたのだ。

基本は「なすことによって学ぶ」精神。農作業の実体験を重視した。土作り、種まき、水やり、除草、収穫、調理までを行うことで、子供たちは農作物が「生きるもの」であることを知り、「いのちの大切さ」を学ぶこととなった。田畑は生き物が生まれ生活する場であり、人間がその生き物とともに生きることの大切さも学んだ。農業に携わることで、「豊かな心」「社会性」「主体性」が少しずつ育まれていったのだ。

しかし当初は問題もあった。学校の先生は農業の専門家ではない。実際の農作業をどう子供たちに教えていくか。力となったのが地域の農家だった。喜多方市教育委員会の渡部通主査は「農家の方々が〝支援員〟となり、無償ボランティアとして子供たちに農作業を教えていきました。彼らの知恵や経験が子供たちの興味を引き出してくれた」と、その存在の大きさを語る。

「農業科」は地域にも好影響をもたらした。農業というお年寄りの経験が学校教育に生かされたことで、お年寄りの活躍の場が生まれた。支援員となったお年寄りから学ぶことで、子供たちは彼らを尊敬するようになった。子供たちは今、自分たちで育てた野菜を収穫し、カレーを作って食べたり、赤飯を作って1人暮らしのお年寄りに届けたりしている。収穫の喜びを知り、それを分け合うことの素晴らしさを知ったのだ。

今後について渡部主査は「35時間という短い枠の中で、多くの種類の作物を作るのではなく、種類を少なくすることも検討しています。種類をたくさん作ったからといって子供たちが成長するわけではない。大事なのは作物それぞれの管理。それをじっくり行う環境を作ることが、子供たちの心の成長、生きる力を育むことにつながると思います。また、さらに地域と一体となって、高齢化や過疎といった地域の課題に取り組めるよう、農業科を発展させていきたい」と語ってくれた。6年前にまかれた「農業科」という種は今、確かな実を結びつつある。

毎日新聞社提供《まいにちしんぶんしゃていきょう》（2012年12月13日付《づけ》）

わたしはそれまで、農業《のうぎょう》をいとなむ人にお話を聞いて、原稿《げんこう》を書く機会《きかい》が多くありました。自然《しぜん》と対話《たいわ》しながら、作物《さくもつ》を育《そだ》てている農家《のうか》の方たちのお話は、とても味《あじ》わい深《ぶか》く、興味《きょうみ》がつきません。

記事《きじ》に感心《かんしん》すると同時に、前年の二〇一一年三月十一日に発生《はっせい》し、未曾有《みぞう》の被害《ひがい》をもたらした、東日本大震災《ひがしにほんだいしんさい》のことも思いうかべていました。大震災《だいしんさい》により、多くの尊《とうと》い命《いのち》が失《うしな》われ、多くの人がきびしい避難《ひなん》生活を強《し》いられました。さらに福島県《ふくしまけん》にある「東京電力福島第一原子力発電所《とうきょうでんりょくふくしまだいいちげんしりょくはつでんしょ》」では爆発事故《ばくはつじこ》がおき、放射性物質《ほうしゃせいぶっしつ》が大量《たいりょう》に飛散《ひさん》してしまいました。放射線《ほうしゃせん》による汚染《おせん》の問題《もんだい》は、福島県《ふくしまけん》だけでなく、全国《ぜんこく》に暗《くら》い影《かげ》を落《お》としていたのです。

そんな時、目にした記事《きじ》は、ひとすじの光のように思えました。

（よし。喜多方市《きたかたし》に行って、小学校農業科《しょうがっこうのうぎょうか》を見てみよう）

わたしは、そう決心《けっしん》しました。

二〇一三年二月、わたしは喜多方市役所《きたかたしやくしょ》をおとずれました。

喜多方市《きたかたし》教育委員会《きょういくいいんかい》の、渡部通《わたなべとおる》さんにお会いするためです。

しばらくすると、背《せ》の高い男の人がやってきました。

「こんにちは。さっそくですが、今日はこれから、喜多方市《きたかたし》が主催《しゅさい》している農業科《のうぎょうか》作文コンクールの授賞式《じゅしょうしき》なんですよ。ご案内《あんない》しますね」

歩きだした渡部《わたなべ》さんのあとについていくと、広い会議室《かいぎしつ》に通されました。

わたしはじゃまにならないように、部屋《へや》のすみで授賞式《じゅしょうしき》を見せてもらうことにしました。

ならべられたイスが人でうまると、小学生がならんで入ってきました。

（あっ、今回、受賞《じゅしょう》した子どもたちかな）

子どもたちはきんちょうしているのか、とても静《しず》かです。

作文コンクールの授賞式《じゅしょうしき》がはじまりました。

子どもたち一人ひとりが、受賞《じゅしょう》した作文を発表《はっぴょう》していきます。

「種《たね》イモの植《う》え方はとてもむずかしいです」

「米作りは大変《たいへん》だけど、自分が作ったお米はおいしくて何杯《なんばい》もおかわりをしました」

「育《そだ》て方は合っていても、天候《てんこう》が悪《わる》ければ作物《さくもつ》は実《みの》りません」

（すごいなあ。まだ小学生なのに、作物《さくもつ》を育《そだ》てる苦労《くろう》を語っている……）

子どもたちの作文に、わたしはひきこまれていきました。

その中で、とくに心に残《のこ》る作文がありました。

喜多方市立豊川小学校《きたかたしりつとよかわしょうがっこう》の五年生、針生美琴《はりうみこと》さんが読んだ作文です。

作文コンクール授賞式《じゅしょうしき》で、賞状《しょうじょう》を受《う》けとる子どもたち

「わたしたちは、お米から命《いのち》をもらっています。お米だけでなく、育《そだ》てられたものを口にするというのは、命《いのち》をもらって自分の命《いのち》をつないでいるのだと思います」

（お米から命《いのち》をもらう……）

わたしはその時、針生《はりう》さんの言葉《ことば》がピンと来ませんでした。

それまで六十一年間、ご飯《はん》を食べ続《つづ》けてきたのに、「お米から命《いのち》をもらっている」というふうに考えたことがなかったのです。

針生《はりう》さんは、農業科《のうぎょうか》でどんな勉強《べんきょう》をして、そのように考えられるようになったのでしょうか。

子どもたちは農業科《のうぎょうか》で、どんなことを学んでいるのでしょうか。

わたしは、ますます農業科《のうぎょうか》のことが知りたくなりました。

第《だい》1章《しょう》　喜《き》多《た》方《かた》市《し》小《しょう》学《がっ》校《こう》農《のう》業《ぎょう》科《か》のはじまり

喜多方市《きたかたし》は、福島県北西部《ふくしまけんほくせいぶ》に広がる、会津盆地《あいづぼんち》の北部《ほくぶ》にあります。福島《ふくしま》、新潟《にいがた》、山形《やまがた》の三県《けん》にまたがる雄大《ゆうだい》な飯豊連峰《いいでれんぽう》は、一年を通じて美《うつく》しいすがたを見せており、古くから信仰《しんこう》の山として大切にされてきました。東《ひがし》側《がわ》には雄国連山《おぐにれんざん》がそびえ、高山植物《しょくぶつ》がさく雄国沼湿原《おぐにぬましつげん》が広がっています。

喜多方市《きたかたし》は、それらの山々のすそ野に広がる、水と緑《みどり》にめぐまれた農業《のうぎょう》地帯《ちたい》です。また会津《あいづ》地方と日本海側《がわ》をつなぐ物流《ぶつりゅう》の拠点《きょてん》として、商業《しょうぎょう》も発達《はったつ》してきました。古くから仏教文化《ぶっきょうぶんか》がさかえ、国指定《してい》の重要文化財《じゅうようぶんかざい》も多く、歴史《れきし》と文化《ぶんか》を誇《ほこ》る土地柄《とちがら》です。

人口は約《やく》四万八千人。観光地《かんこうち》として人気があり、蔵《くら》が立ちならぶ風景《ふうけい》や、

四季折々《しきおりおり》の美《うつく》しさを見せる飯豊連峰《いいでれんぽう》

昔《むかし》ながらの蔵《くら》がならぶ風景《ふうけい》

喜多方《きたかた》ラーメンを楽しむ観光客《かんこうきゃく》が、年間約《やく》百八十万人もおとずれます。農家《のうか》に宿泊《しゅくはく》して野菜《やさい》の収穫体験《しゅうかくたいけん》などができる「グリーン・ツーリズム」がさかんで、都市部《としぶ》などから多くの人が参加《さんか》しています。

そんな喜多方市《きたかたし》で、小学校農業科《しょうがっこうのうぎょうか》の構想《こうそう》が生まれたのは、二〇〇六年のことでした。

「小学生に、農業《のうぎょう》を勉強《べんきょう》させたらどうだろう」

当時の喜多方市長《きたかたしちょう》だった白井英男《しらいひでお》さんが、市の教育委員会《きょういくいいんかい》に話を持《も》ちかけたのです。

「国語や算数と同じように、子どもたちに農業《のうぎょう》を勉強《べんきょう》させたいんだよ。これを読んで、考えてみてくれないか」

市長が教育委員会《きょういくいいんかい》の職員《しょくいん》に手わたしたのは、二〇〇六年五月二十九日付《づけ》の「日本経済新聞《にほんけいざいしんぶん》」でした。

そこには、ＪＴ《ジェイティー》生命誌研究館《せいめいしけんきゅうかん》・中村桂子館長《なかむらけいこかんちょう》のインタビュー記事《きじ》がのっていました。中村館長《なかむらかんちょう》は、「人間は生き物《もの》であり自然《しぜん》の一部《いちぶ》である」という生物学《せいぶつがく》が明らかにした事実《じじつ》をもとに、「生命誌《せいめいし》」という新しい知《ち》を創《つく》りだした人です。

――小学校で農業《のうぎょう》を必修《ひっしゅう》に、というのが私《わたし》の考えです。戦後《せんご》の日本は豊《ゆた》かで便利《べんり》な国になりましたが、何かを失《うしな》ったとみんなが感《かん》じている。それは生き物《もの》としての時間の流《なが》れに背《そむ》き、いつも追《お》い立てられている現実《げんじつ》への不安《ふあん》です。じゃあ、どうしたらいいか。よく「心の教育《きょういく》」といいますが、実際《じっさい》には何をしたらいいか分からない。私《わたし》たちの社会が失《うしな》った時間の流《なが》れを取《と》り戻《もど》すためのとても具体的《ぐたいてき》な手段《しゅだん》、それが農業《のうぎょう》です――

市長は中村館長《なかむらかんちょう》の考えに心を打《う》たれ、ぜひ農業《のうぎょう》の町である喜多方《きたかた》で、小学校の授業《じゅぎょう》に農業《のうぎょう》をとりいれたいと考えたのでした。

喜多方市《きたかたし》には、市立小学校が十七校あります。それまでも、各校《かくこう》で作物《さくもつ》の栽培《さいばい》などは熱心《ねっしん》に行われていました。

が、市長の考えは、それをさらに進《すす》めて「喜多方市小学校農業科《きたかたししょうがっこうのうぎょうか》」という新しい教科を教育特区《きょういくとっく》※として設置《せっち》し、年間三十五時間から四十五時間をあてて、すべての市立小学校で農業《のうぎょう》を学べるようにする、という本格的《ほんかくてき》なものだったのです。

この仕事《しごと》を担当《たんとう》することになったのは、この年の四月に、市内の小学校の教頭から教育委員会《きょういくいいんかい》に勤務《きんむ》することになった、渡部裕《わたなべひろし》先生でした。

「えっ、農業科《のうぎょうか》を作る？　そんなこと、ほんとうにやるんですか？」

話を聞いた渡部《わたなべ》先生はおどろいて、おもわずそう言いました。

教育学《きょういくがく》の世界《せかい》では、農業《のうぎょう》が持《も》つ教育力《きょういくりょく》（人を育《そだ》てる力）がよく知られています。長年、小学校の教員《きょういん》をつとめてきた渡部《わたなべ》先生も、その効果《こうか》の高さは熟知《じゅくち》していました。

でも、新しい教科を作るとなると、話は別《べつ》です。

※ 教育特区《きょういくとっく》…地方自治体《じちたい》などが、地域《ちいき》の特性《とくせい》に応《おう》じて、独自《どくじ》の教育《きょういく》を行うことを国が認《みと》める制度《せいど》

いそがしい小学校の先生たちにとって、教える教科がふえるのは、とても大《たい》変《へん》なことです。

国語や算数には指導《しどう》の基準《きじゅん》となる「学《がく》習《しゅう》指導要領《しどうようりょう》」があり、教科書にそって授業《じゅぎょう》が進《すす》められますが、農業科《のうぎょうか》にはそうしたものがありません。

なにをどのように教えればよいか、とまどう先生がたくさん出てくるでしょう。

渡部《わたなべ》先生は、とほうにくれました。市長と何度《なんど》も話しあいましたが、この計画を実現《じつげん》させるべきか、なかなか心を決《き》めることができませんでした。

喜多方市《きたかたし》小学校農業科《しょうがっこうのうぎょうか》の礎《いしずえ》をきずいた渡部裕《わたなべひろし》先生。最初《さいしょ》は、農業科《のうぎょうか》の導入《どうにゅう》になやむことも多かった

そこで渡部《わたなべ》先生は、農業高校《のうぎょうこうこう》に出かけて意見《いけん》を聞いてみることにしました。

「農業《のうぎょう》はきびしくて大変《たいへん》ですよ。小学生に勉強《べんきょう》させるなんて無理《むり》ですよ」

農業高校《のうぎょうこうこう》の先生が、そう言うかもしれません。でも、そんな予想《よそう》は、すぐにくつがえされました。

「わが校の生徒《せいと》は、とても熱心《ねっしん》に、作物《さくもつ》や家畜《かちく》を育《そだ》てています」

農業高校《のうぎょうこうこう》の教頭先生は、うれしそうに生徒《せいと》たちの話をはじめました。

「たとえ夏休みでも、当番がちゃんと登校《とうこう》して、毎日、世話《せわ》をしますよ。無断《むだん》で休むような生徒《せいと》はいません」

「そうですか……」

教頭先生の話に、渡部《わたなべ》先生もしだいにひきこまれていきました。

「作物《さくもつ》も家畜《かちく》も生き物《もの》ですから、自分たちが守《まも》ってあげなければならないという、強い責任感《せきにんかん》が生まれるんです」

「なるほど」

「家畜《かちく》の出産《しゅっさん》に立ち会った生徒《せいと》は、その感動《かんどう》がわすれられないと言いますよ。作物《さくもつ》を生産《せいさん》する苦労《くろう》も経験《けいけん》しますので、生徒《せいと》たちはみな、命《いのち》の大切さをよく理解《りかい》しています」

渡部《わたなべ》先生はおもわず「うーん……」と、うなりました。

小学校などの教育現場《きょういくげんば》では、どうしたら子どもたちからやる気をひきだせるか、どうしたら命《いのち》の大切さを伝《つた》えられるかが、大きな課題《かだい》です。ところがこの農業高校《のうぎょうこうこう》では、生徒《せいと》たちが熱心《ねっしん》に授業《じゅぎょう》にとりくむだけでなく、作物《さくもつ》や家畜《かちく》の命《いのち》を、進《すす》んで守《まも》ろうとしているようすがうかがえるではありませんか。

（これは……思っていた以上《いじょう》に、深《ふか》い教育的効果《きょういくてきこうか》がありそうだ）

渡部《わたなべ》先生は考えこみました。

「それから、中学校の時には学校へ行けなかった生徒《せいと》が、わが校に入学してからは、一日も休まなくなりましたよ」

「えっ！　ほんとうですか」

（それはすごい。不登校《ふとうこう》の子どもが、学校を休まなくなるなんて……）

「はい。それも一人だけではないんです」

最後《さいご》の一言で、渡部《わたなべ》先生の心は決《き》まりました。

（農業《のうぎょう》を教育《きょういく》にとりいれることの価値《かち》は、とても大きい。大変《たいへん》だが、やってみようじゃないか）


渡部《わたなべ》先生は、農業科《のうぎょうか》を実現《じつげん》するために、動《うご》きはじめました。

まずは、米や野菜《やさい》を以前《いぜん》から熱心《ねっしん》に栽培《さいばい》していた三つの小学校をたずねて農業科《のうぎょうか》の計画を説明《せつめい》し、意見《いけん》を聞くことにしました。

米作り三十年の伝統《でんとう》を持《も》つ堂島《どうじま》小学校は、のどかな田園地帯《ちたい》が広がる塩川《しおかわ》町《まち》にあります。ＰＴＡ《ピーティーエー》に「栽培委員会《さいばいいいんかい》」があり、子どもたちの米作りを応《おう》援《えん》しています。

喜多方市立《きたかたしりつ》の小学校（17校）

熱塩《あつしお》小学校は、ヒメサユリの群生地《ぐんせいち》がある熱塩加納町《あつしおかのうまち》にあります。地域《ちいき》ぐるみで、農薬《のうやく》を使《つか》わない有機農業《ゆうきのうぎょう》にとりくんでいます。

三校目の熊倉《くまぐら》小学校は、農家《のうか》に宿泊《しゅくはく》して野菜《やさい》の収穫体験《しゅうかくたいけん》などができる「グリーン・ツーリズム」がさかんな地区《ちく》、熊倉町《くまぐらまち》にあります。

渡部《わたなべ》先生は三校に出向《でむ》いて、農業科《のうぎょうか》の計画を説明《せつめい》しました。

するとどの学校も「それはいい考えですね」「ぜひ、やりましょう」と、乗《の》り気になってくれました。

一方、質問《しつもん》をたくさん受《う》けました。

「それぞれの学年で、どんなことを勉強《べんきょう》するんですか?」

「だれが農業《のうぎょう》を教えればいいのでしょう?」

「成績《せいせき》はどうやってつければいいですか?」

「田や畑《はたけ》は、どのように準備《じゅんび》すればいいでしょうか?」

渡部《わたなべ》先生は質問《しつもん》を持《も》ち帰り、農業高校《のうぎょうこうこう》の先生や、地域《ちいき》の農業関係者《のうぎょうかんけいしゃ》などの意見《いけん》を聞いて、教育委員会《きょういくいいんかい》の職員《しょくいん》と一つひとつ検討《けんとう》していきました。

「三、四年生では、まず作物《さくもつ》の世話《せわ》の仕方《しかた》、土作りや草とりなど、農作業《のうさぎょう》の基本的《きほんてき》なことを学びましょう」

「高学年になったら、田んぼや畑《はたけ》と自然環境《しぜんかんきょう》との関《かか》わりまで、学習《がくしゅう》を深《ふか》めれたらいいですね」

「成績《せいせき》は、○や△をつけるのではなくて、子どもたちのとりくみに対《たい》し、そのようすを教師《きょうし》が文章《ぶんしょう》にして評価《ひょうか》する形にしましょう」

農業科《のうぎょうか》の新設《しんせつ》と聞いて、はじめは渡部《わたなべ》先生と同じようにとまどっていた周囲《しゅうい》の人たちも、子どもたちのためならと、知恵《ちえ》をしぼって考えてくれるようになりました。

そのような中で、みんなの頭をなやませた難問《なんもん》が「だれが教えるのか」というものでした。

授業《じゅぎょう》を進《すす》めるのは小学校の先生たちですが、農業《のうぎょう》の経験《けいけん》や知識《ちしき》がない先生

設置当初《せっちとうしょ》の「喜多方市《きたかたし》小学校農業科全体計画《しょうがっこうのうぎょうかぜんたい》」より

《農業科《のうぎょうか》の目標《もくひょう》》「なすことによって学ぶ」

体験活動《たいけんかつどう》を重視《じゅうし》して、農業体験《のうぎょうたいけん》からさまざまなことを学び、豊《ゆた》かな心の育成《いくせい》や学ぶ意欲《いよく》の高揚《こうよう》を図《はか》る

《各《かく》学年の重点目標《じゅうてんもくひょう》》

○３年生…１年間の農作業《のうさぎょう》を通じて、継続《けいぞく》して作物《さくもつ》の世話《せわ》をすることの大切さを学ぶ

○４年生…土作りや苗《なえ》作り、除草等《じょそうとう》のきめ細かな作業《さぎょう》の大切さを理解《りかい》できるようにする

○５年生…食と健康《けんこう》の大切さを理解《りかい》できるようにする

○６年生…自然界《しぜんかい》にはさまざまな命《いのち》が息《いき》づいていることを理解《りかい》するとともに、環境《かんきょう》を守《まも》りながら自然《しぜん》と人が共生《きょうせい》することの大切さを理解《りかい》できるようにする

※１、２年生は生活科の授業《じゅぎょう》の中でそれに準《じゅん》じた活動《かつどう》にとりくむ

《指導内容例《しどうないようれい》（稲作《いなさく》と畑作《はたさく》の両方《りょうほう》を体験《たいけん》する）》

○４月…耕地《こうち》／苗床《なえどこ》作り／種《たね》まきなど

○５月…畝《うね》作り／植《う》えつけなど

○５月～８月…水やり／追肥《ついひ》／除草《じょそう》など

○９月…収穫《しゅうかく》

○10月…収穫物管理《しゅうかくぶつかんり》

○11月…収穫物《しゅうかくぶつ》の調理《ちょうり》や加工《かこう》／学習発表《がくしゅうはっぴょう》など

もいます。農業《のうぎょう》にくわしい人に協力《きょうりょく》してもらわなければなりません。
「農家《のうか》の方たちに、たのむのはどうだろう」
喜多方《きたかた》には、それぞれの地域《ちいき》に、経験豊富《けいけんほうふ》な農家《のうか》がいます。そうした人たちに「農業科支援員《のうぎょうかしえんいん》」になってもらい、先生たちにはむずかしい部分《ぶぶん》を実際《じっさい》に指導《しどう》してもらったり、手伝《てつだ》ってもらったりするのです。

三校でそれぞれお願《ねが》いしてみると、「支援《しえん》したい」と言ってくれる農家《のうか》が、つぎつぎとあらわれました。

農業科《のうぎょうか》で使用《しよう》する田んぼや畑《はたけ》については、学校に近い場所《ばしょ》をかしてくれる人をさがして、用意《ようい》することができました。

渡部《わたなべ》先生はこれらの計画をまとめて、国に申請《しんせい》し、二〇〇六年十一月、「喜多方市小学校農業科《きたかたししょうがっこうのうぎょうか》」が教育特区《きょういくとっく》として認定《にんてい》されました。

いよいよ、全国《ぜんこく》ではじめて、小学校に教科として「農業科《のうぎょうか》」がとりいれられることになったのです。※

※ 2009 年からは、学習指導要領《がくしゅうしどうようりょう》の改訂《かいてい》にともない「総合的《そうごうてき》な学習《がくしゅう》の時間」の中で農業科《のうぎょうか》の授業《じゅぎょう》をすることが可能《かのう》になったため、教育特区《きょういくとっく》ではなくなりました

翌年《よくとし》の二〇〇七年四月、最初《さいしょ》に意見《いけん》を聞いた三校で、農業科《のうぎょうか》の授業《じゅぎょう》がスタートしました。

全国初《ぜんこくはつ》のとりくみということで、たくさんの取材《しゅざい》や視察《しさつ》がありました。

でも、いざ授業《じゅぎょう》をはじめてみると、渡部《わたなべ》先生の耳には、指導《しどう》になやむ先生たちの声が入ってきました。

「どんな作物《さくもつ》を栽培《さいばい》すればいいのかわからない」

「なにをどのように学習《がくしゅう》させればよいか、はっきりしない」

「理科や社会などとつなげて知識《ちしき》を習得《しゅうとく》させるのがむずかしい」

また、三校がそれぞれのやり方でとりくんだため、市全体《ぜんたい》で統一《とういつ》して教育《きょういく》を進《すす》めることがむずかしく、「これまでの栽培活動《さいばいかつどう》と、どこがちがうのか？」という疑問《ぎもん》の声もありました。

（そうか。そこは準備不足《じゅんびぶそく》だった……。学ぶことをはっきりさせるためには、教科書のようなものが必要《ひつよう》だ）

そう気づいた渡部《わたなべ》先生は、副読本《ふくどくほん》作りにとりくむことにしました。

監修《かんしゅう》は、食農教育《しょくのうきょういく》にくわしい宮城学院女子大学《みやぎがくいんじょしだいがく》（当時）の佐藤幸也《さとうこうや》教授《きょうじゅ》にお願《ねが》いしました。文章《ぶんしょう》は、各校《かくこう》の先生たちや学校給食《きゅうしょく》の栄養技師《えいようぎし》、農業《のうぎょう》高校《こうこう》の先生、地域《ちいき》の農家《のうか》の方たちなどが担当《たんとう》することになりました。

イラストは、喜多方市出身《きたかたししゅっしん》で同市のふるさと大使《たいし》だった、画家の石山毬《いしやままり》緒《お》さんにたのみました。石山《いしやま》さんは、『銀河鉄道《ぎんがてつどう》９９９《スリーナイン》』や『宇宙戦艦《うちゅうせんかん》ヤマト』のアニメ制作《せいさく》にもたずさわった方です。

たくさんの人の協力《きょうりょく》で、二〇〇八年の二月に副読本《ふくどくほん》が完成《かんせい》しました。

副読本《ふくどくほん》には、イネやサツマイモ、トウモロコシなどの作物《さくもつ》の育《そだ》て方が、わかりやすく説明《せつめい》されています。さらに、田んぼや畑《はたけ》で見られる生き物《もの》のくらしや、食べ物《もの》と健康《けんこう》の関《かか》わり、これからの農業《のうぎょう》が持《も》つ課題《かだい》などが、小学生向《む》けに解説《かいせつ》されています。

副読本《ふくどくほん》に加《くわ》えて、先生向《む》けに全体《ぜんたい》のカリキュラムや各《かく》教科との関連《かんれん》を解説《かいせつ》

喜多方市小学校農業科

喜多方市小学校農業科推進協議会
喜 多 方 市 教 育 委 員 会

喜《き》多《た》方《かた》市《し》小《しょう》学《がっ》校《こう》農《のう》業《ぎょう》科《か》 副《ふく》読《どく》本《ほん》の表《ひょう》紙《し》

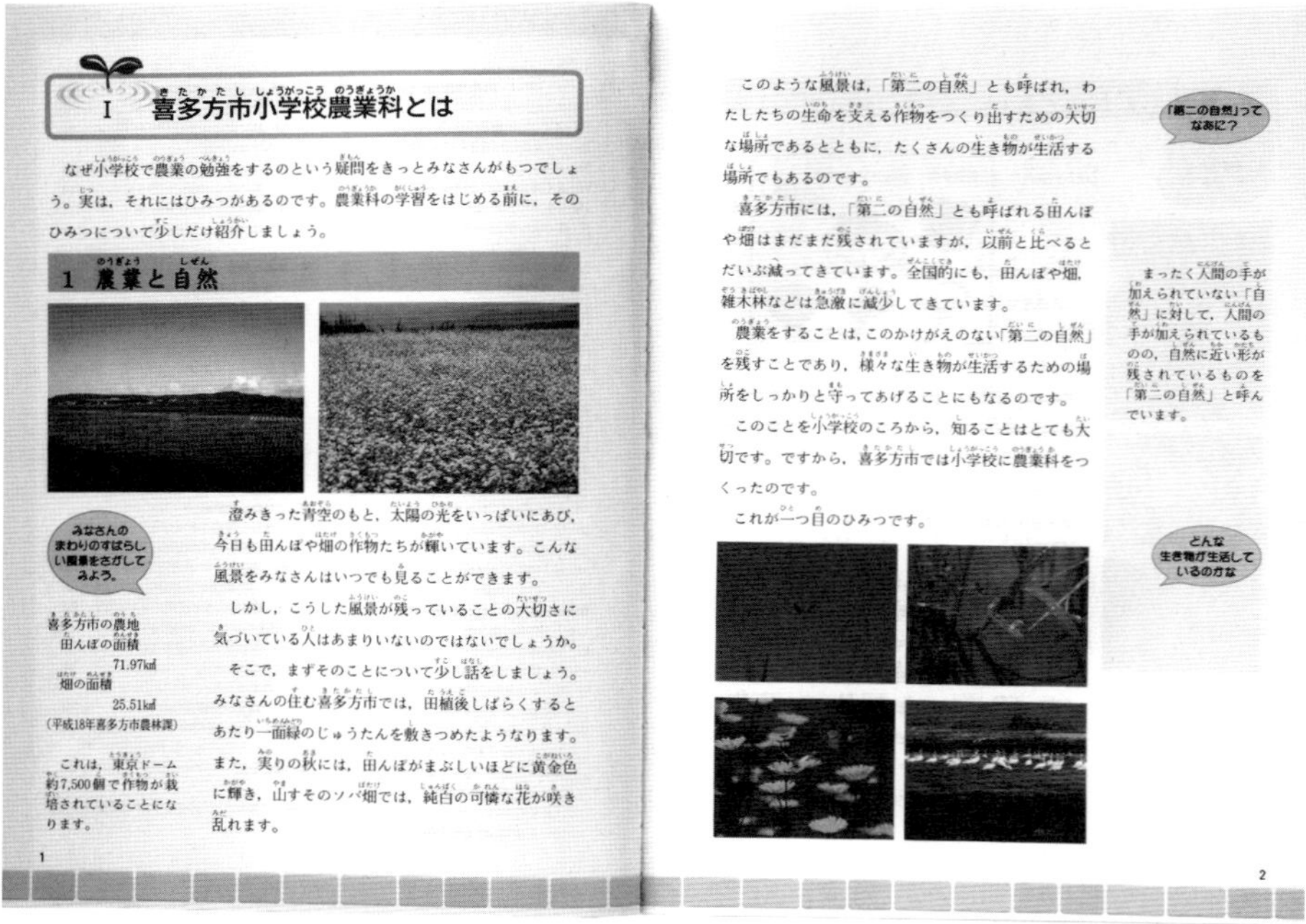
I　喜多方市小学校農業科《きたかたししょうがっこうのうぎょうか》とは

なぜ小学校《しょうがっこう》で農業《のうぎょう》の勉強《べんきょう》をするのという疑問《ぎもん》をきっとみなさんがもつでしょう。実《じつ》は，それにはひみつがあるのです。農業科《のうぎょうか》の学習《がくしゅう》をはじめる前《まえ》に，そのひみつについて少《すこ》しだけ紹介《しょうかい》しましょう。

1　農業《のうぎょう》と自然《しぜん》

澄《す》みきった青空《あおぞら》のもと，太陽《たいよう》の光《ひかり》をいっぱいにあび，今日《きょう》も田《た》んぼや畑《はたけ》の作物《さくもつ》たちが輝《かがや》いています。こんな風景《ふうけい》をみなさんはいつでも見《み》ることができます。

しかし，こうした風景《ふうけい》が残《のこ》っていることの大切《たいせつ》さに気《き》づいている人《ひと》はあまりいないのではないでしょうか。

そこで，まずそのことについて少《すこ》し話《はなし》をしましょう。みなさんの住《す》む喜多方市《きたかたし》では，田植後《たうえご》しばらくするとあたり一面緑《いちめんみどり》のじゅうたんを敷《し》きつめたようなります。また，実《みの》りの秋《あき》には，田《た》んぼがまぶしいほどに黄金色《こがねいろ》に輝《かがや》き，山《やま》すそのソバ畑《ばたけ》では，純白《じゅんぱく》の可憐《かれん》な花《はな》が咲《さ》き乱《みだ》れます。

みなさんのまわりのすばらしい風景をさがしてみよう。

喜多方市《きたかたし》の農地《のうち》
田《た》んぼの面積《めんせき》
71.97㎢
畑《はたけ》の面積《めんせき》
25.51㎢
（平成18年喜多方市農林課）

これは，東京《とうきょう》ドーム約《やく》7,500個《こ》で作物《さくもつ》が栽培《さいばい》されていることになります。

1

このような風景《ふうけい》は，「第二《だいに》の自然《しぜん》」とも呼《よ》ばれ，わたしたちの生命《いのち》を支《ささ》える作物《さくもつ》をつくり出《だ》すための大切《たいせつ》な場所《ばしょ》であるとともに，たくさんの生《い》き物《もの》が生活《せいかつ》する場所《ばしょ》でもあるのです。

喜多方市《きたかたし》には，「第二《だいに》の自然《しぜん》」とも呼《よ》ばれる田《た》んぼや畑《はたけ》はまだまだ残《のこ》されていますが，以前《いぜん》と比《くら》べるとだいぶ減《へ》ってきています。全国的《ぜんこくてき》にも，田《た》んぼや畑《はたけ》，雑木林《ぞうきばやし》などは急激《きゅうげき》に減少《げんしょう》してきています。

農業《のうぎょう》をすることは，このかけがえのない「第二《だいに》の自然《しぜん》」を残《のこ》すことであり，様々《さまざま》な生《い》き物《もの》が生活《せいかつ》するための場《ば》所《しょ》をしっかりと守《まも》ってあげることにもなるのです。

このことを小学校《しょうがっこう》のころから，知《し》ることはとても大《たい》切《せつ》です。ですから，喜多方市《きたかたし》では小学校《しょうがっこう》に農業科《のうぎょうか》をつくったのです。

これが一《ひと》つ目《め》のひみつです。

「第二の自然」ってなあに？

まったく人間《にんげん》の手《て》が加《くわ》えられていない「自然《しぜん》」に対《たい》して，人間《にんげん》の手《て》が加《くわ》えられているものの，自然《しぜん》に近《ちか》い形《かたち》が残《のこ》されているものを「第二《だいに》の自然《しぜん》」と呼《よ》んでいます。

どんな生き物が生活しているのかな

2

農作物《のうさくもつ》の育《そだ》て方だけでなく「農業《のうぎょう》と自然《しぜん》」「農業《のうぎょう》と人々のくらし」などについて、小学生でも楽しく学べるように工夫《くふう》されている

した指導書《しどうしょ》も作りました。

これで、農業科《のうぎょうか》の授業《じゅぎょう》で学んでほしいことが、明確《めいかく》になりました。農業科《のうぎょうか》二年目となる二〇〇八年四月の新学期《しんがっき》からは、新たに六校が加《くわ》わり、全《ぜん》九校で農業科《のうぎょうか》の授業《じゅぎょう》がはじまりました。

この年に、教育委員会《きょういくいいんかい》に渡部通《わたなべとおる》さんが異動《いどう》してきて、農業科《のうぎょうか》を担当《たんとう》するようになりました。渡部《わたなべ》さんは、さらに知恵《ちえ》をしぼり、周囲《しゅうい》の人たちと協《きょう》力《りょく》して、市内の全《ぜん》十七校で、農業科《のうぎょうか》の授業《じゅぎょう》を実現《じつげん》させていったのです。

わたしが喜多方市《きたかたし》をたずねたのは、農業科《のうぎょうか》がはじまってから六年目。市内の全校《ぜんこう》で実施《じっし》されるようになって二年目に入ろうとする時期《じき》でした。

作文コンクールの授賞式《じゅしょうしき》が終《お》わり、わたしは渡部《わたなべ》さんに、いくつか質問《しつもん》をしてみました。

「最近《さいきん》は、農家《のうか》の子どもでも、田んぼや畑《はたけ》のお手伝《てつだ》いはしないと聞いたことがあるのですが」

「そうですね。多くの農家《のうか》で機械化《きかいか》が進《すす》んでいるので、子どもの出番がなくなってきています」

「どうして農業《のうぎょう》を勉強《べんきょう》するのか、疑問《ぎもん》を持《も》つ子はいませんか？」

「たくさんいると思いますよ」

渡部《わたなべ》さんは、ニコニコしながら返事《へんじ》をしてくれました。

「土にさわれない、虫がきらい、よごれるのはいや、という子はいないのでしょうか？」

「いやだと思っている子どものほうが、

農業科《のうぎょうか》を喜多方市立《きたかたしりつ》の全《ぜん》小学校で実施《じっし》できるように力をつくしてきた、渡部通《わたなべとおる》さん

多いと思います」

「じゃあ、今日、作文で表彰《ひょうしょう》された子どもたちは特別《とくべつ》でしょうか……」

先ほど読まれた作文に感心《かんしん》していたわたしは、首をかしげました。

「いいえ、決《けっ》して特別《とくべつ》ではないですよ」

渡部《わたなべ》さんは立ちあがると、おくから一冊《さつ》の冊子《さっし》を持《も》ってきました。

「はじめは『農業《のうぎょう》なんてやりたくない』と言っていた子どもたちが、変《か》わるんです」

表紙《ひょうし》には『喜多方市小学校農業科《きたかたししょうがっこうのうぎょうか》作文コンクール作品集《さくひんしゅう》』と書いてありました。

「子どもたちが、変《か》わる……？」

「そうです。テストの点のように、目に見える変化《へんか》はないかもしれませんが、ここに掲載《けいさい》されている子どもたちの作文には、農業《のうぎょう》を通して気づいたことや変化《へんか》したことが、その子なりの言葉《ことば》で表現《ひょうげん》されているんです」

さらに、渡部《わたなべ》さんはこう言いました。

「農業科《のうぎょうか》は『なすことによって学ぶ』を目標《もくひょう》にしています。自分で体を動《うご》かしてやってみることが大事《だいじ》なんです。ぜひ、浜田《はまだ》さんも田植《たう》えや草とりに参《さん》加《か》してみませんか？」

こうしてわたしは、一年間、喜多方《きたかた》の子どもたちに仲間《なかま》入りすることになったのです。

取材《しゅざい》を終《お》えて外に出ると、すっかり暗《くら》くなった空から白いぼたん雪がふっていました。

まだまだ季節《きせつ》は真冬《まふゆ》。農業科《のうぎょうか》のはじまりはずっと先です。田んぼも畑《はたけ》も、まだ雪の下でねむっています。雪がとけて目を覚《さ》ますころは、田おこしや代《しろ》かきの季節《きせつ》です。

「春よ、早く来い」

期待《きたい》に胸《むね》をふくらませて、わたしはそっと、雪空につぶやきました。

第《だい》2章《しょう》　ヒメサユリのさく季節《きせつ》に

五月二十九日。春の空気と、これからやってくる夏の空気がまじりあう、気持《きも》ちのよい季節《きせつ》になりました。

わたしがはじめて参加《さんか》する農業科《のうぎょうか》の授業《じゅぎょう》は、熱塩加納町《あつしおかのうまち》にある熱塩《あつしお》小学校の田植《たう》えです。

熱塩加納町《あつしおかのうまち》は、田んぼが広がる田園地帯《ちたい》です。熱塩《あつしお》小学校のそばには、仏《ぶっ》教《きょう》の信仰《しんこう》があつい会津《あいづ》地方で名高いお寺、護法山示現寺《ごほうざんじげんじ》のこんもりとした山があります。

また、近くには喜多方市《きたかたし》の花である、かれんなヒメサユリの群生地《ぐんせいち》があります。

この日の空は真《ま》っ青《さお》で、田植《たう》え日和《びより》でした。

田植《たう》えが行われるのは、二時間目から四時間目。わたしはやる気満々《まんまん》で、早めに学校へ到着《とうちゃく》しました。

小学校のすぐ横《よこ》に、農業科《のうぎょうか》の授業《じゅぎょう》で使《つか》われている田んぼがあります。そこでは、数日前に「どろんこ祭《まつ》り」が行われたばかり。

子どもたちが豊作《ほうさく》を願《ねが》い、手作りのおみこしをかついで、田んぼの中を練《ね》り歩くお祭《まつ》りです。田んぼの土をよくまぜて活性化《かっせいか》させ、また田植《たう》えをしやすくする、代《しろ》かきの意味《いみ》もあるのです。

田んぼのあぜには、今日もおみこしが置《お》いてあります。おみこしには、子どもたちの願《ねが》いが書かれた短冊《たんざく》が、たくさんかざられていました。

「おいしい元気なお米になりますように」

「大豊作《だいほうさく》になあれ」

「虫に食べられないように。健康《けんこう》に育《そだ》ちますように」

のどかな田園地帯《ちたい》に建《た》つ、熱塩《あつしお》小学校

元気いっぱい、田んぼの泥《どろ》の中を練《ね》り歩く「どろんこ祭《まつ》り」

校庭《こうてい》で田植《たう》えがはじまるのを待《ま》っていると、一人で田んぼの中に入っていく男の人がいました。大きな熊手《くまで》のような道具《どうぐ》を持《も》っています。

声をかけてみると、男の人は田《た》植《う》えを手伝《てつだ》ってくれる地域《ちいき》の方で、手に持《も》っている道具《どうぐ》は「条《じょう》板《ばん》」という農具《のうぐ》だと教えてくれました。

条板《じょうばん》をひきながら田んぼの中をたて横《よこ》にくまなく歩くと、碁盤《ごばん》の目のような線がひかれます。線が

「条板《じょうばん》」で田んぼに線をひく。線が交わったところに苗《なえ》を植《う》える

交わったところに苗《なえ》を植《う》えていくことで、まっすぐきれいに植《う》えられるのだそうです。

しばらくすると、支援員《しえんいん》さんやボランティアの人たち、田植《たう》えを見にきた保護者《ほごしゃ》たちなどが集《あつ》まってきて、田んぼのまわりはにぎやかになってきました。

長めのソックスをはいた子どもたちが、水の入ったペットボトルをかかえて、校舎《こうしゃ》から元気に出てきました。ペットボトルは、陽《ひ》にあてて水を温《あたた》めておいて、田植《たう》えが終《お》わったらそれで足をあらうのです。

子どもたちは田んぼにやってくると、黄緑色《きみどりいろ》のアマガエルを見つけて手にのせたり、きれいな水が流《なが》れる水路《すいろ》でタニシを拾《ひろ》ったりと、楽しそうにしています。

この日は一年生から六年生まで、五十数名の全校児童《ぜんこうじどう》が参加《さんか》します。

校長先生は、笑顔《えがお》がやさしい髙橋吉博《たかはしよしひろ》先生。支援員《しえんいん》は、小林芳正《こばやしよしまさ》さんと菅井光信《すがいみつのぶ》さん。お二人とも、喜多方《きたかた》きってのベテラン農家《のうか》です。

校長先生の引率《いんそつ》で、五年生と六年生が、近くの農家《のうか》に苗《なえ》をとりにいきました。ビニールハウスで、大切に育《そだ》ててもらった苗《なえ》です。

子どもたちは農家《のうか》の方にきちんとあいさつをしてから、重《おも》い育苗箱《いくびょうばこ》をかかえてつぎつぎと運《はこ》びだし、田んぼのあぜにならべました。

育苗箱《いくびょうばこ》には、高さ十五センチメートルほどの苗《なえ》が、びっしりと育《そだ》っています。

育苗箱《いくびょうばこ》を運《はこ》びだす子どもたち

ところで、みなさんは、イネの〝種《たね》〟を見たことがありますか？
じつは、わたしたちが毎日食べるお米の一粒《つぶ》一粒《つぶ》が、種《たね》なのです。
でも、精米《せいまい》された白い米粒《こめつぶ》からは、芽《め》は出ません。茶色いモミガラにおおわれた状態《じょうたい》の〝種《たね》モミ〟でないと、芽《め》が出ないのです。

種《たね》モミは、発芽《はつが》させる前に塩水《しおみず》に入れ、ういてくるものをとりのぞきます。うくものは、実《み》がしっかりと入っていない可能性《かのうせい》があるからです。うかずに底《そこ》に残《のこ》った生命力《せいめいりょく》の強い種《たね》モミを、十数日間、真水《まみず》につけてから、土を入れた育苗箱《いくびょうばこ》にまきます。

その種《たね》モミを、田植《たう》えをするのにちょうどよい大きさになるまでビニールハウスの中で大切に育《そだ》てたものが、イネの苗《なえ》です。

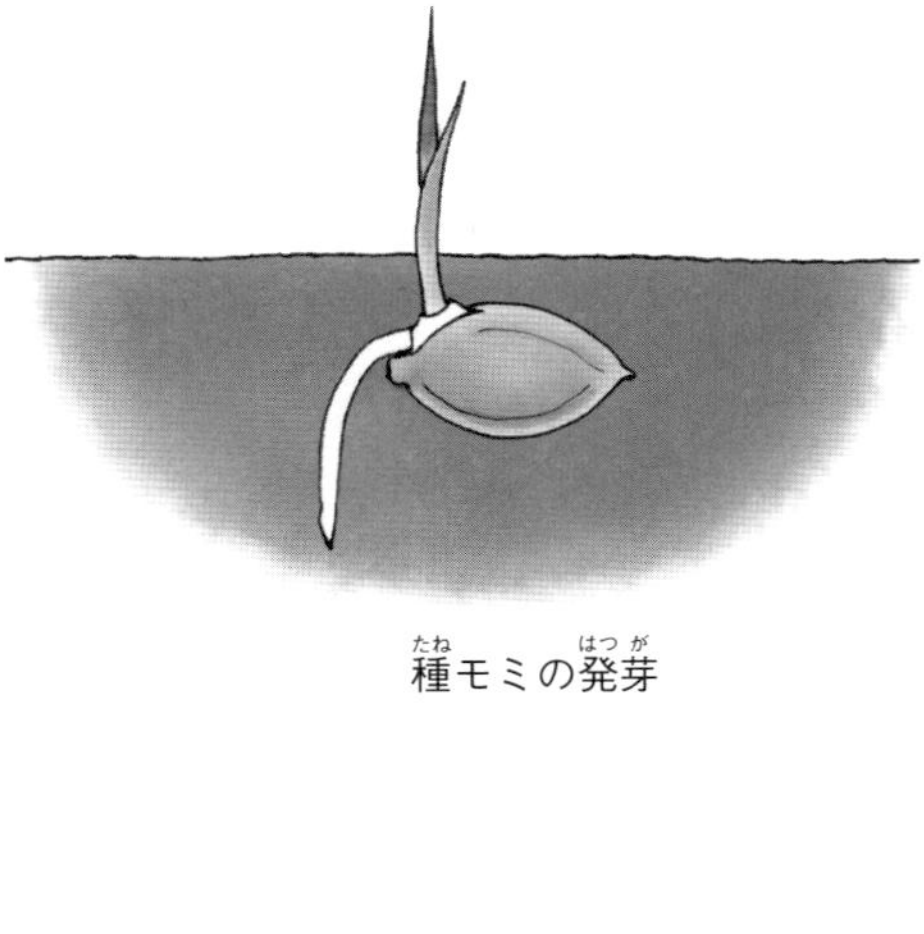

種《たね》モミの発芽《はつが》

校庭《こうてい》で、田植《たう》えの開会式《かいかいしき》がはじまりました。

まず、校長先生のお話があり、二人の支援員《しえんいん》さんの紹介《しょうかい》がありました。

続《つづ》いて、支援員《しえんいん》の小林《こばやし》さんによる、作業《さぎょう》の説明《せつめい》です。

小林《こばやし》さんは実際《じっさい》に苗《なえ》を手に持《も》って、子どもたちによく見えるようにして説《せつ》明《めい》しました。

「苗《なえ》は、このように束《たば》から五本ずつよりわけて指先《ゆびさき》に持《も》ち、泥《どろ》の中にしっかりと植《う》えこんでください」

子どもたちは真剣《しんけん》な顔つきで、小林《こばやし》さんの手もとを見ながら話を聞いています。

上級生《じょうきゅうせい》は毎年経験《けいけん》している田植《たう》えですが、一年生にとっては、はじめてのこと。

(うまくできるかな?)

と、不安《ふあん》そうな顔をしている子もいます。

真剣《しんけん》に小林《こばやし》さんの話を聞く子どもたち（写真《しゃしん》上）
支援員《しえんいん》の小林芳正《こばやしよしまさ》さん。「苗《なえ》はこのように持《も》つんだよ」（写真《しゃしん》左）

開会式《かいかいしき》が終《お》わると、校長先生から声がかかりました。

「では、こびりタイムでーす」

(こびり？　なんだろう？)

ふしぎに思いながら見ていると、エプロンすがたのお母さんたちが、おぼんを手に、なにかを配《くば》りはじめました。

手のひらにのせてくれたのは、まだ温《ぬく》もりの残《のこ》る、かわいらしい赤飯《せきはん》のおにぎりです。

去年《きょねん》、農業科《のうぎょうか》で子どもたちが栽培《さいばい》した、もち米とアズキで作ったものだそうです。

「こびり」(小昼)とは、農作業《のうさぎょう》をする力をつけるために、作業《さぎょう》の合間に食べる間食のことでした。

農村《のうそん》では昔《むかし》から、田植《たう》えなど、自分の家だけでは行えない作業《さぎょう》は、集落内《しゅうらくない》や近くの村と助《たす》けあって行われてきました。こうした共同作業《きょうどうさぎょう》や生活のささ

えあいのことを「結《ゆい》」とよびます。

こびりには、手伝《てつだ》いに集《あつ》まった人たちをねぎらい、感謝《かんしゃ》するという意味《いみ》もこめられているのです。

子どもたちは田んぼのあぜにならんですわり、おいしそうにこびりをほおばります。

わたしもいただいてみると、もち米とアズキがほんのりとあまく、体に力がわいてくるようでした。

こびりタイムが終《お》わると、子どもたちは田んぼをはさんで両側《りょうがわ》のあぜに、

一列《れつ》にならびました。

さあ、田植《たう》えのはじまりです。

みんな、なれたようすで、ズボッ、ズボッと泥《どろ》に足をふみいれます。

「苗《なえ》、くださーい」

準備《じゅんび》のできた子が手をふると、あぜに立つ大人が、苗《なえ》の束《たば》を田んぼに投《な》げいれます。

ぽっちゃーん。

苗《なえ》はいきおいよく田んぼに落《お》ちて、泥《どろ》をはね返《かえ》しました。顔や服《ふく》に泥《どろ》がついた子が、「キャーッ」と笑《わら》い声を上げます。

田んぼの両側《りょうがわ》から、中央《ちゅうおう》に向《む》かって進《すす》んでいきます。まん中あたりで、反《はん》対側《たいがわ》から進《すす》んできた子とぶつかったら、終了《しゅうりょう》です。

子どもたちは苗《なえ》の束《たば》を左手に持《も》ち、右手で五本ずつよりわけて、泥《どろ》の中に植《う》えはじめました。

さあ、田《た》植《う》えがはじまった！　やわらかい泥《どろ》に足がうまって歩きにくい

やはり学年が上になるほど、なれた手つきです。

わたしもおくれないように、田んぼに入りました。

ずぶずぶずぶ……。ひざ下まで一気に泥《どろ》にうまっていきます。

足がなかなかぬけなくて、つぎの一歩がふみだせません。

ふと横《よこ》を見ると、わたしより、さらに進《すす》みのおそい女の子がいました。

今年はじめて田植《たう》えに参加《さんか》した、一年生のようです。細い足で必死《ひっし》にふんばりながら、苗《なえ》を植《う》えています。一歩進《すす》むにも、泥《どろ》の重《おも》さでひっくり返《かえ》りそうです。

「一・二・三・四・五」

女の子は小さな手で苗《なえ》をよりわけて、一生けんめい、本数を数えています。先ほど小林《こばやし》さんに教わった苗《なえ》の数を、まちがえないようにしているのでしょう。

進《すす》みの早い子は、もう田んぼの中央《ちゅうおう》に近づいており、田植《たう》えは後半に入ろ

苗《なえ》がぎっしり生えているから、数えられないよ……

うとしていました。

女の子はそんなことは目に入らないようで、

「一・二・三・四・五」

と、何度《なんど》も苗《なえ》を数え直しながら、しっかりと泥《どろ》に植《う》えこんでいきます。反対側《はんたいがわ》から進《すす》んできた子とぶつかると、女の子はやっと顔を上げて、笑顔《えがお》を見せてくれました。


田植《たう》えが終《お》わったあと、わたしは支援員《しえんいん》の小林《こばやし》さんにたずねました。

「なぜ今日の田植《たう》えは、苗《なえ》を五本ずつ植《う》えたのですか?」

農業科《のうぎょうか》の副読本《ふくどくほん》には、イネの苗《なえ》は三本か四本で植《う》えると書いてあったからです。

「それは、熱塩《あつしお》小学校で作るお米が、無農薬米《むのうやくまい》だからです」

「無農薬米《むのうやくまい》だと、どうして五本なのですか?」

「農薬《のうやく》を使《つか》わないと雑草《ざっそう》が生えやすく、雑草《ざっそう》に栄養《えいよう》をとられて、イネが大きく育《そだ》ちにくいんです。それでもお米の収穫量《しゅうかくりょう》がへらないように、苗《なえ》の本数を多くして植《う》えるんですよ」

小林《こばやし》さんは、熱塩加納町《あつしおかのうまち》の特産品《とくさんひん》である無農薬米《むのうやくまい》「さゆり米《まい》」を栽培《さいばい》する農家《のうか》です。この地域《ちいき》ならではの米作りの知恵《ちえ》を、子どもたちに伝《つた》えていたのです。

小林《こばやし》さんは、熱塩加納町《あつしおかのうまち》にある二つの小学校（熱塩《あつしお》小学校と加納《かのう》小学校）の学校給食《きゅうしょく》に、さゆり米《まい》をとりいれた人でもあります。

じつはわたしは、二つの小学校の給食《きゅうしょく》に無農薬《むのうやく》の米や野菜《やさい》が使《つか》われていることを、二十年ほど前から知っていました。学校給食《きゅうしょく》に関心《かんしん》があり、各地《かくち》の給食《きゅうしょく》について調《しら》べたことがあったのです。

小林《こばやし》さんは、両校《りょうこう》で栄養士《えいようし》をつとめた坂内幸子《ばんないさちこ》さんと協力《きょうりょく》し、地元でとれたおいしくて安全《あんぜん》な米や野菜《やさい》を子どもたちに食べてもらうために、長年活動《かつどう》してきました。その熱意《ねつい》は並々《なみなみ》ならぬものです。

加納《かのう》小学校は一九七九年から、熱塩《あつしお》小学校は一九八九年から、基本的《きほんてき》に週五日の米飯給食《べいはんきゅうしょく》を続《つづ》けています。また、小林《こばやし》さんをはじめとする地域《ちいき》の農《のう》家が協力《きょうりょく》して、献立《こんだて》に必要《ひつよう》な野菜《やさい》はその日の朝に収穫《しゅうかく》し、調理場《ちょうりば》にとどける体制《たいせい》を作りました。野菜《やさい》は形がふぞろいだったり、土がついていたりしますが、坂内《ばんない》さんら栄養士《えいようし》や調理員《ちょうりいん》たちは手間をおしまず、さまざまな工夫《くふう》をして調理《ちょうり》してきました。

（おいしくて健康《けんこう》によいお米と野菜《やさい》を、給食《きゅうしょく》で毎日食べられるなんて、熱塩《あつしお》加納町《かのうまち》の子どもたちがうらやましいなあ……）

と思ったことを、よく覚《おぼ》えています。

ぐうぜんにも今日、その学校の田植《たう》えを少しお手伝《てつだ》いすることができて、わたしはとても感動《かんどう》していました。

田んぼには、植《う》えたばかりの緑色《みどりいろ》の苗《なえ》が、五月の風にそよそよとゆれています。

校舎《こうしゃ》と示現寺《じげんじ》の山が、静《しず》かな水面《すいめん》にうつっています。

（おいしく元気なお米になあれ！）

（大豊作《だいほうさく》になあれ！）

おみこしの短冊《たんざく》に書かれていた子どもたちの願《ねが》いが、田んぼにひびきわたって聞こえるようでした。

第《だい》3章《しょう》　農業科《のうぎょうか》の応援団《おうえんだん》

この章《しょう》では、農業科《のうぎょうか》をささえている支援員《しえんいん》さんたちについて、もう少しお話ししたいと思います。

支援員《しえんいん》さんの多くは、おじいちゃん、おばあちゃんの世代《せだい》です。孫《まご》のような歳《とし》のかわいい子どもたちに、自分たちがつちかってきた知恵《ちえ》や技術《ぎじゅつ》を伝《つた》えていきたいと願《ねが》っています。

その心意気《こころいき》は、つぎのようなエピソードからも知ることができます。

農業科《のうぎょうか》をはじめるにあたり、教育委員会《きょういくいいんかい》では、支援員《しえんいん》になることをひき受《う》けてくれた農家《のうか》の方には、謝礼《しゃれい》を支払《しはら》おうと考えていました。

そのことを、農業科《のうぎょうか》を最初《さいしょ》にとりいれた三校の一つである堂島《どうじま》小学校の支援員《しえんいん》、山田義人《やまだよしと》さんに相談《そうだん》すると、きっぱりことわられたそうです。

「お金などいりませんよ。これまでも、学校で米や野菜《やさい》を育《そだ》てるお手伝《てつだ》いをしてきましたが、それだって、お金にはかえられない価値《かち》があると思ってやってきたんだからね。喜多方《きたかた》の子どもたちは、わたしたちみんなの子ども、孫《まご》だもの」

山田《やまだ》さんは、堂島《どうじま》小学校の米栽培《さいばい》を長年ささえてきた人です。

支援員《しえんいん》になることをひき受《う》けた人たちはみな、山田《やまだ》さんのように、子ども

強い信念《しんねん》を持《も》って、農業科《のうぎょうか》をささえている山田義人《やまだよしと》さん

たちの成長《せいちょう》に、責任《せきにん》と誇《ほこ》りを感《かん》じていました。

でも、実際《じっさい》に農業科《のうぎょうか》の授業《じゅぎょう》で指導《しどう》をはじめてみると、支援員《しえんいん》さんたちもいろいろと苦労《くろう》をしました。

農業《のうぎょう》についての知識《ちしき》を、子どもたちにわかりやすく教えるのは、とてもむずかしかったからです。

専門的《せんもんてき》な言葉《ことば》を使《つか》ってしまったり、説明《せつめい》が長すぎたりして、子どもたちに伝《つた》わらないことも多かったそうです。子どもたちが作業《さぎょう》する手つきがあぶなっかしくて、つい手伝《てつだ》ってしまうこともよくありました。

渡部裕《わたなべひろし》先生たち教育委員会《きょういくいいんかい》の職員《しょくいん》は、「なすことによって学ぶ」という農《のう》業科《ぎょうか》の目標《もくひょう》を、くり返《かえ》し伝《つた》えました。

「子どもたちに、なるべく自分でやらせてください。うまくいかなくて失敗《しっぱい》することも、大切な学習《がくしゅう》の一つですから」

支援員《しえんいん》さんたち自身《じしん》も、試行錯誤《しこうさくご》しながら、子どもたちとけんめいに向《む》き

ていねいに指導《しどう》する支援員《しえんいん》さんたち。子どもたちも、農業《のうぎょう》のことならなんでも知っている支援員《しえんいん》さんを尊敬《そんけい》している

あってくれました。

「全国《ぜんこく》ではじめてのとりくみなんだから、失敗《しっぱい》させるわけにはいかない」

「イネがちゃんと育《そだ》っているか心配《しんぱい》で、自分の田んぼの倍以上《ばいいじょう》も、学校の田んぼの見回りをしてしまったよ」

と、話す人もいました。

そうした支援員《しえんいん》さんたちの、子どもたちによせる愛情《あいじょう》と農家《のうか》としての誇《ほこ》りが、農業科《のうぎょうか》をおし進《すす》める原動力《げんどうりょく》になりました。

新たに農業科《のうぎょうか》がスタートする小学校に、渡部《わたなべ》先生が説明《せつめい》に行った時のこと。ある支援員《しえんいん》さんが立ちあがって、こう言いました。

「わたしはこれまでも、小学校で農業体験《のうぎょうたいけん》の手伝《てつだ》いをしたことがあるんですが、ほんとうの農業《のうぎょう》はこんなものではない、きちんと伝《つた》えたいという思いがあったんですよ。だから、うちの近くの小学校でも農業科《のうぎょうか》がはじまると聞いて、とてもうれしかった。支援員《しえんいん》にならないかという話があった時、ようやくわたしのゆめがかなったと、すぐにひき受《う》けたんです」

渡部《わたなべ》先生は、その話を聞いて、胸《むね》が熱《あつ》くなりました。

（農業科《のうぎょうか》をはじめて、ほんとうによかった。こういう人たちがいれば、きっと、うまくいくぞ……）

そう思えた瞬間《しゅんかん》でした。

支援員《しえんいん》さんの知恵《ちえ》や技術《ぎじゅつ》は、農業科《のうぎょうか》の授業《じゅぎょう》で大いに活用されました。

農業《のうぎょう》では、目の前の田畑《たはた》の状態《じょうたい》に合わせて、最《もっと》もよい方法《ほうほう》を考え、工夫《くふう》する必要《ひつよう》があります。それには、長年の経験《けいけん》が、なによりものを言います。

また、農業科《のうぎょうか》の授業《じゅぎょう》では、トラクターなどの機械《きかい》はあまり使《つか》わず、昔《むかし》ながらの農具《のうぐ》を使《つか》って、手作業《てさぎょう》で行われます。

おじいちゃんやおばあちゃんが子どものころに見たような、なつかしい農《のう》

「ころばし」で田んぼの草をとる

「カマ」を使《つか》ってのイネかり

「足ぶみ脱穀機《だっこくき》」を使《つか》った脱穀《だっこく》

具《ぐ》が、ふたたび登場《とうじょう》しました。

「条板《じょうばん》」は、田植《たう》えの時に、田んぼにまっすぐ線をひくために使《つか》います。田んぼの草とりに使《つか》う「ころばし」は、手おし車についたツメが回転《かいてん》して草をからめとっていきます。

収穫《しゅうかく》の時にイネをかるのも、機械《きかい》ではなくて「カマ」です。収穫《しゅうかく》して天日干《てんぴぼ》しをしたイネの穂《ほ》からお米を外す脱穀《だっこく》という作業《さぎょう》を、「足ぶみ脱穀機《だっこくき》」を使《つか》って行う学校もあります。

大型《おおがた》の機械《きかい》を使《つか》うほうが、作業《さぎょう》は早く、労力《ろうりょく》も少なくてすみます。でも、農業科《のうぎょうか》の授業《じゅぎょう》では、時間や手間はかかっても手作業《てさぎょう》で行い、みんなで力を合わせることや、自分の手を使《つか》って工夫《くふう》することを教えています。

一方では、もちろん、機械《きかい》を利用《りよう》することによって農家《のうか》の人たちのきびしい労働《ろうどう》が軽減《けいげん》され、生産性《せいさんせい》が上がることも、しっかりと伝《つた》えます。

手作業《てさぎょう》を大事《だいじ》にする理由《りゆう》は、ほかにもあります。

手作業《てさぎょう》をしていると、さまざまな生き物《もの》の存在《そんざい》に気づきます。クモやカマキリ、カエルやトンボ……。子どもたちは生き物《もの》との出合いを楽しみながら、田んぼや畑《はたけ》が、作物《さくもつ》だけでなく、たくさんの命《いのち》を育《はぐく》んでいることを学んでいくのです。

支援員《しえんいん》さんに協力《きょうりょく》してもらいながら、農業科《のうぎょうか》の授業《じゅぎょう》を進《すす》めるのは、小学校の先生たちです。農業《のうぎょう》が得意《とくい》な先生もいますが、まったく経験《けいけん》のない先生もいます。

農業《のうぎょう》を知らない先生は、はじめはこまってしまいます。ほかの市から喜多《きた》方市《かたし》へ赴任《ふにん》してきた先生の中には、まわりの人から、

「喜多方《きたかた》に行くと、農業《のうぎょう》をやるそうだぞ」

「長ぐつと作業着《さぎょうぎ》を準備《じゅんび》しておけよ」

と言われた人もいたそうです。

関柴《せきしば》小学校の二瓶光邦《にへいみつくに》先生も、農業《のうぎょう》を知らなかった先生の一人でした。

「だいじょうぶかな？　農業《のうぎょう》なんて教えられないぞ」

こまっていた矢先に、農業科《のうぎょうか》を担当《たんとう》することになり、さっそく一年間の活動《かつどう》計画を立てなければいけなくなりました。

そんな時も、助《たす》けてくれたのは支援員《しえんいん》さんでした。どんな目標《もくひょう》を立てるのか、何年生がどんな作物《さくもつ》を作るのか、何月から土を耕《たがや》すのか……。

支援員《しえんいん》さんに教わりながら活動《かつどう》計画を練《ね》り、国語や理科、社会などの教科との結《むす》びつきも考えながら、指導《しどう》するようにしました。

そうやって、実際《じっさい》に農業科《のうぎょうか》の授業《じゅぎょう》を進《すす》めていくうちに、先生も農業《のうぎょう》のおもしろさを知っていったのです。

二瓶《にへい》先生は、こう話してくれました。

「農業科《のうぎょうか》の授業《じゅぎょう》では、子どもたちがとても生き生きしているので、こちらのほうがはげまされるんですよ」

　ほかの先生も、うれしそうに教えてくれました。わたし自身《じしん》も、畑《はたけ》や田んぼを見る目が変《か》わりました。

「農業科《のうぎょうか》を教えるようになり、わたし自身も、畑や田んぼを見る目が変わりました」

「教室ではおとなしい子が、畑《はたけ》に来ると元気になることがあるんです。農業《のうぎょう》科《か》は、子どもたちがいろいろな才能《さいのう》を見せてくれるから、楽しいですよ」

　農業《のうぎょう》が持《も》つ教育力《きょういくりょく》と、子どもたち自身《じしん》の変化《へんか》が、先生たちを動《うご》かす原動《げんどう》力《りょく》となっていきました。

　農業科《のうぎょうか》が実施《じっし》されると、保護者《ほごしゃ》からこんな声も上がるようになりました。

「子どもが家で、農業科《のうぎょうか》で勉強《べんきょう》したことをよく話してくれるんですよ」

「うちは農家《のうか》なんですが、子どもは農業《のうぎょう》にあまり興味《きょうみ》がなかったんです。でも、農業科《のうぎょうか》がはじまってから、おじいちゃんやおばあちゃんが野菜《やさい》を作っている畑《はたけ》に、よく出かけるようになりました」

農家《のうか》が多い喜多方《きたかた》でも、子どもたちにとって田んぼや畑《はたけ》は「大人の仕事《しごと》場《ば》」でした。毎日見ていながらも、積極的《せっきょくてき》に関《かか》わることが少ない場所《ばしょ》だったのです。

農業科《のうぎょうか》を勉強《べんきょう》したことで、それが変《か》わりました。

「うちでは、なにを作っているのかな?」

「どんなふうに育《そだ》てているのかな?」

と、関心《かんしん》が出てきたのです。

農業《のうぎょう》に関《かん》する質問《しつもん》に、おじいちゃんがなんでも答えてくれるので、おじいちゃんは農業博士《のうぎょうはかせ》だと思った、と言う子もいました。

農業科《のうぎょうか》が、子どもたちと家族《かぞく》や地域《ちいき》の人たちをつなぐ、共通《きょうつう》の話題《わだい》となりました。

これは渡部《わたなべ》先生たちにとって、農業科《のうぎょうか》をはじめる前に期待《きたい》していた以上《いじょう》の、うれしい変化《へんか》でした。

第《だい》4章《しょう》　雑草《ざっそう》とつなひきだ

二〇一三年の夏は、猛暑《もうしょ》でした。

強い太陽光《たいようこう》で地面《じめん》が熱《ねっ》せられる中でも、たくましく成長《せいちょう》するのが、植物《しょくぶつ》たちです。

田んぼや畑《はたけ》では、作物《さくもつ》が太陽《たいよう》の光をあびてどんどん育《そだ》っています。

でも、作物《さくもつ》だけが育《そだ》つのではありません。やっかいなのは、雑草《ざっそう》です。

農業科《のうぎょうか》の授業《じゅぎょう》が行われている田畑《たはた》でも、子どもたちが登校《とうこう》してこない夏休みのあいだに、雑草《ざっそう》が作物《さくもつ》をおおいつくすようないきおいでのびるので、気になって夏休み中も草とりや水やりにくる子もいます。

というわけで、夏休みが明けて、最初《さいしょ》の農業科《のうぎょうか》の授業《じゅぎょう》は「草とり」です。

わたしと渡部《わたなべ》さんは、第二《だいに》小学校の草とりに参加《さんか》することにしました。

第二《だいに》小学校は、喜多方市《きたかたし》の観光名所《かんこうめいしょ》である、蔵《くら》が立ちならぶ通りの近くにあります。校舎《こうしゃ》の屋根《やね》の一部《ぶ》が、蔵《くら》と同じように、黒いかわらで作られています。

畑《はたけ》は学校の近くにあります。

「それでは、これから草とりに行きましょう」

先生のかけ声で、五年生が畑《はたけ》に向《む》かいました。

支援員《しえんいん》は前田善吉《まえだぜんきち》さん。約《やく》百人の子

かわら屋根《やね》がりっぱな第二《だいに》小学校

どもたちを一人で指導《しどう》します。

「うわっ、すごい草だなあ！」

「ジャングルみたいだ」

「バッタだ、バッタがいるよ！」

畑《はたけ》に着《つ》いた子どもたちが、声を上げました。

畑《はたけ》には、子どもたちが植《う》えたサトイモとダイズが、みごとに育《そだ》っていました。でも、同じくらいに雑草《ざっそう》もみごとに育《そだ》っています。

畑《はたけ》や田んぼに生える雑草《ざっそう》は、日光をさえぎり、風通しも悪《わる》くします。また、土の栄養分《えいようぶん》をすいあげてしまうので、作物《さくもつ》の育《そだ》ちを悪《わる》くし、病害虫《びょうがいちゅう》が発生《はっせい》する原因《げんいん》にもなります。ですから、りっぱな作物《さくもつ》を収穫《しゅうかく》するためには、こまめな草とりがとても大切なのです。

とは言え、腰《こし》をかがめて雑草《ざっそう》をとるのは、大人でもつらい作業《さぎょう》です。子どもたちはどう感《かん》じるのでしょうか。

雑草《ざっそう》に負《ま》けじと、子どもたちは草とり作業《さぎょう》をスタート

「では、はじめましょう！」

先生の合図で、子どもたちはわっと、畑《はたけ》に散《ち》らばりました。

わたしも子どもたちのあとについて、畑《はたけ》に入りました。細くとがった雑草《ざっそう》の葉《は》が、ちくちくと体にささります。

それらは、オヒシバやメヒシバ、エノコログサなど、畑《はたけ》ではよく見る雑草《ざっそう》たちです。中でもオヒシバは、地中深《ふか》く根《ね》をはるので、大きくなるとひきぬくのが大変《たいへん》です。

（今日一日で、終《お》わるのかしら……）

わたしは早くも、気弱になっていました。

ところが子どもたちは、元気いっぱい。目の前の雑草《ざっそう》をひっこぬいては畑《はたけ》のすみに積《つ》みあげていきます。軍手《ぐんて》をしている子もいますが、素手《すで》の子もたくさんいます。

わたしのそばにいた男の子が、大きなオヒシバをひっぱりはじめました。

「ぬける？」

わたしもいっしょにひっぱりましたが、太い茎《くき》はがんとして動《うご》きません。

すると男の子は「手伝《てつだ》ってー」と、近くにいた友だちに声をかけました。

「よいしょ、よいしょ」

三人でひっぱっても、ぬけません。

まるで、子どもたちと雑草《ざっそう》のつなひきのようです。

それでも男の子は、一向《いっこう》にあきらめるようすがありません。

（渡部《わたなべ》さんはいないかなあ。これは、大人の男の人じゃないとぬけないよ）

わたしがキョロキョロと渡部《わたなべ》さんをさがしていると、

「だれか来てー」

男の子はまた、友だちをよびました。

「おう」

「まかせろ」

力を合わせて、雑草《ざっそう》をぬくぞ！

さらに二人が加《くわ》わりました。

「よし、やるぞ」

子どもたちは草の根元《ねもと》にガシッと足をふんばると「ううっ」とうなり、草をひきはじめました。

つぎの瞬間《しゅんかん》。

「わぁーっ！」とさけんで、五人の男の子がひっくり返《かえ》りました。

立ちあがった男の子の一人がにぎりしめている草には、土まみれの根《ね》っこが、大きなかたまりになってついていました。

「すげえ」

「やったなぁ」

みんなまんぞくそうです。そしてすぐにおきあがると、「行くぞ」と声をかけあい、畑《はたけ》に散《ち》らばっていきました。

わたしはしばらく、ぽかんとしていました。

（子どもたちだけで、あの草をひきぬいてしまった）

そして、なんだか自分がとてもはずかしくなりました。

草とりは、大人だってつらいのだから、子どももやりたくないにちがいない、と思いこんでいたからです。

三年生の時から農業科《のうぎょうか》を学んできた子どもたちは、作物《さくもつ》を育《そだ》てるには、草とりは欠《か》かすことができない作業《さぎょう》だということを、ちゃんと理解《りかい》しているのでしょう。

まわりを見ると、あちらこちらで友

やった！　ぬけた！　すごい根《ね》っこがついていた

だちと助《たす》けあって、楽しそうに草をぬく子どもたちのすがたが見えました。
こまっている友だちがいたら、すぐに助《たす》けあえるなんて、すばらしい！
わたしは、子どもたちのチームワークのよさにも感動《かんどう》しました。
草とりはまだまだ、終《お》わりそうにありません。
「よーし、負《ま》けてはいられない」
わたしも、畑《はたけ》に飛《と》びこんでいきました。

第《だい》5章《しょう》　食べてもらう喜《よろこ》び

農業科《のうぎょうか》を学ぶ子どもたちのことを、もっと知りたいと思っていたところ、慶徳《けいとく》小学校の六年生、高畑瑞穂《たかはたみずほ》さんに会うことができました。

慶徳《けいとく》小学校がある慶徳町《けいとくまち》は、たくさんの文化財《ぶんかざい》が大切に保存《ほぞん》されている町です。

町内には、国の重要文化財《じゅうようぶんかざい》に指定《してい》されている熊野神社長床《くまのじんじゃながとこ》や、国の史跡《しせき》に指定《してい》された会津新宮城跡《あいづしんぐうじょうあと》があります。

また、県《けん》の重要無形民俗文化財《じゅうようむけいみんぞくぶんかざい》の指定《してい》を受《う》けている慶徳稲荷神社《けいとくいなりじんじゃ》の田植神事《たうえしんじ》では、毎年、慶徳《けいとく》小学校の子どもたちが、地元に伝《つた》わる早乙女踊《さおとめおど》り（東北地方に伝《つた》わる、田植《たう》え踊《おど》りの一つ）をひろうします。

瑞穂《みずほ》さんの家は農家《のうか》で、おじいちゃん、おばあちゃん、お父さん、お母さん、三人の子どもの、七人家族《かぞく》。瑞穂《みずほ》さんは、三人きょうだいのいちばん下の女の子です。

おじいちゃんは四町歩《ちょうぶ》（約《やく》四万平方《へいほう》メートル）もある田んぼでお米を作っています。

おばあちゃんは十八頭の牛を世話《せわ》しながら、家で食べる野菜《やさい》を作っています。慶徳《けいとく》小学校の支援員《しえんいん》をひき受《う》けたこともあります。

おばあちゃんが飼《か》っている牛は肉牛で、生まれた子牛を競《せ》りに出すまで、十カ月のあいだ、大切に育《そだ》てます。毎日えさをやり、運動《うんどう》をさせ、具合《ぐあい》の悪《わる》いところがないかよく見てやります。

「人間の子育《そだ》てと同じですよ」

と、おばあちゃんの園子《そのこ》さんは、やさしい笑顔《えがお》で言います。

家のリビングには、たくさんのトロフィーがかざられています。子牛の競《せ》

おばあちゃんが管理《かんり》をしている牛舎《ぎゅうしゃ》で。瑞穂《みずほ》さんも牛の世話《せわ》をよく手伝《てつだ》っている

りで、最高《さいこう》の販売額《はんばいがく》をつけた繁殖農《はんしょくのう》家《か》におくられるものです。

瑞穂《みずほ》さんも小さいころから、園子《そのこ》さんのお手伝《てつだ》いで牛の世話《せわ》をしているので、一頭一頭の牛が見わけられ、性格《せいかく》もわかるそうです。

また、お兄さんたちと畑《はたけ》や田んぼのお手伝《てつだ》いもしてきたので、農業《のうぎょう》は瑞穂《みずほ》さんにとって、くらしそのものです。

農業科《のうぎょうか》の授業《じゅぎょう》でも、支援員《しえんいん》さんによく質問《しつもん》をして、自分から関心《かんしん》を持《も》ってとりくんでいるそうです。

農業科《のうぎょうか》を勉強《べんきょう》して、瑞穂《みずほ》さんには、

牛に干《ほ》し草をあげる瑞穂《みずほ》さん

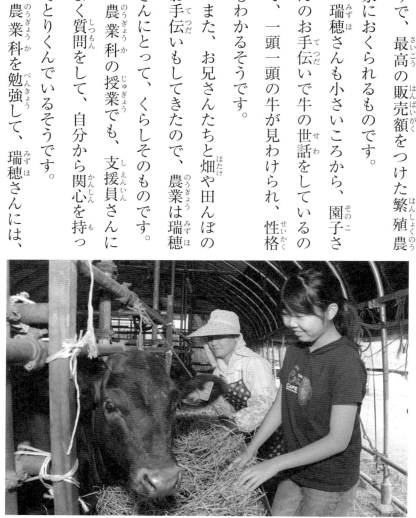

どんな変化《へんか》がおきたのでしょうか。

園子《そのこ》さんが答えてくれました。

「小さいころから台所《だいどころ》の手伝《てつだ》いをしてくれたんだけど、農業科《のうぎょうか》を勉強《べんきょう》するようになって、すごく料理《りょうり》がじょうずになったんですよ」

農業科《のうぎょうか》では、作物《さくもつ》を収穫《しゅうかく》したのち、自分たちで調理《ちょうり》もします。畑《はたけ》でとれた野菜《やさい》でカレーライスを作ったり、もち米とアズキで赤飯《せきはん》にしたりします。作った料理《りょうり》は、自分たちだけで食べるのではなく、お世話《せわ》になった支援員《しえんいん》さんたちにふるまったり、地域《ちいき》のお年よりに配《くば》ったりします。

「瑞穂《みずほ》が家で作ってくれるカボチャの煮物《にもの》は、とてもおいしいんです。学校で習《なら》ったもの以外《いがい》でも、インターネットで作り方を調《しら》べて作ってくれます」

と、園子《そのこ》さんはうれしそうに話してくれました。

農業科《のうぎょうか》の作文にも、調理《ちょうり》をした体験《たいけん》や感想《かんそう》がたくさん出てきます。

「みんなで作ったお米や野菜《やさい》の味《あじ》は特別《とくべつ》でした」

おばあちゃんと、家族《かぞく》が食べるエンドウマメを収穫《しゅうかく》する瑞穂《みずほ》さん。
これはどんな料理《りょうり》に使《つか》おうかな？

「自分で料理《りょうり》したものを『おいしい』と言って食べてもらえると、とてもうれしかったです」

子どもたちは、作物《さくもつ》を作って食べるだけでなく、食べてもらう経験《けいけん》をすることによって、たくさんの人と喜《よろこ》びを共有《きょうゆう》するのです。

瑞穂《みずほ》さんは、家族《かぞく》のために料理《りょうり》をすることを通して、農業科《のうぎょうか》で学んだ「食べてもらう喜《よろこ》び」を深《ふか》めているように感《かん》じました。

瑞穂《みずほ》さんのお宅《たく》におじゃまして、いろいろな話を聞かせていただく中で、瑞穂《みずほ》さんが少しはずかしそうに、将来《しょうらい》のゆめを教えてくれました。

そのゆめは「助産師《じょさんし》さんになること」。

園子《そのこ》さんのそばで命《いのち》の誕生《たんじょう》を見つめ、農業科《のうぎょうか》でさまざまな作物《さくもつ》を育《はぐく》むことで学びを深《ふか》めてきた瑞穂《みずほ》さんに、命《いのち》をいつくしむ心が、大きく育《そだ》っていました。

第《だい》6章《しょう》　宝物《たからもの》ごろごろ

うれしさは　畑《はたけ》の中の　ジャガイモを　土かきわけて　ほりあげること

この短歌《たんか》は、堂島《どうじま》小学校の六年生、蓮沼瑠璃子《はすぬまるりこ》さんがよんだものです。収《しゅう》穫《かく》の喜《よろこ》びが、生き生きと伝《つた》わってきます。

農業科《のうぎょうか》で、早い時期《じき》に収穫《しゅうかく》をむかえるのは、ジャガイモです。春に植《う》えて夏ごろには収穫《しゅうかく》できます。

さて、ここで質問《しつもん》です。

ジャガイモは、なにから育《そだ》つか知っていますか？

ジャガイモの種《たね》や苗《なえ》から育《そだ》つのでしょうか？

じつは、そのどちらでもありません。ジャガイモは「種《たね》イモ」から育《そだ》つのです。はじめてジャガイモを植《う》える子どもは、びっくりします。ジャガイモを半分に切ったものを、土に植《う》えるのですから。

ジャガイモには、たくさんへこみがありますね。あのへこんでいる部分《ぶぶん》から、芽《め》が出ます。

地面《じめん》の上に顔を出した芽《め》は、どんどん成長《せいちょう》して葉《は》をしげらせます。この時地面《じめん》の下でも、茎《くき》が四方にのびていきます。この茎《くき》をストロンとよびます。このストロンの先に、ジャガイモができるのです。ストロンは、ジャガイモの成長《せいちょう》に必要《ひつよう》な栄養《えいよう》を送《おく》る管《くだ》の役目《やくめ》をしています（次《つぎ》のページに図）。

太陽《たいよう》のエネルギーや土の中の栄養《えいよう》をストロンで運《はこ》んでもらったおかげで、みんながほりおこすころには、ジャガイモはストロンの先で、大きく成長《せいちょう》しているのです。

種《たね》イモを植《う》えているところ

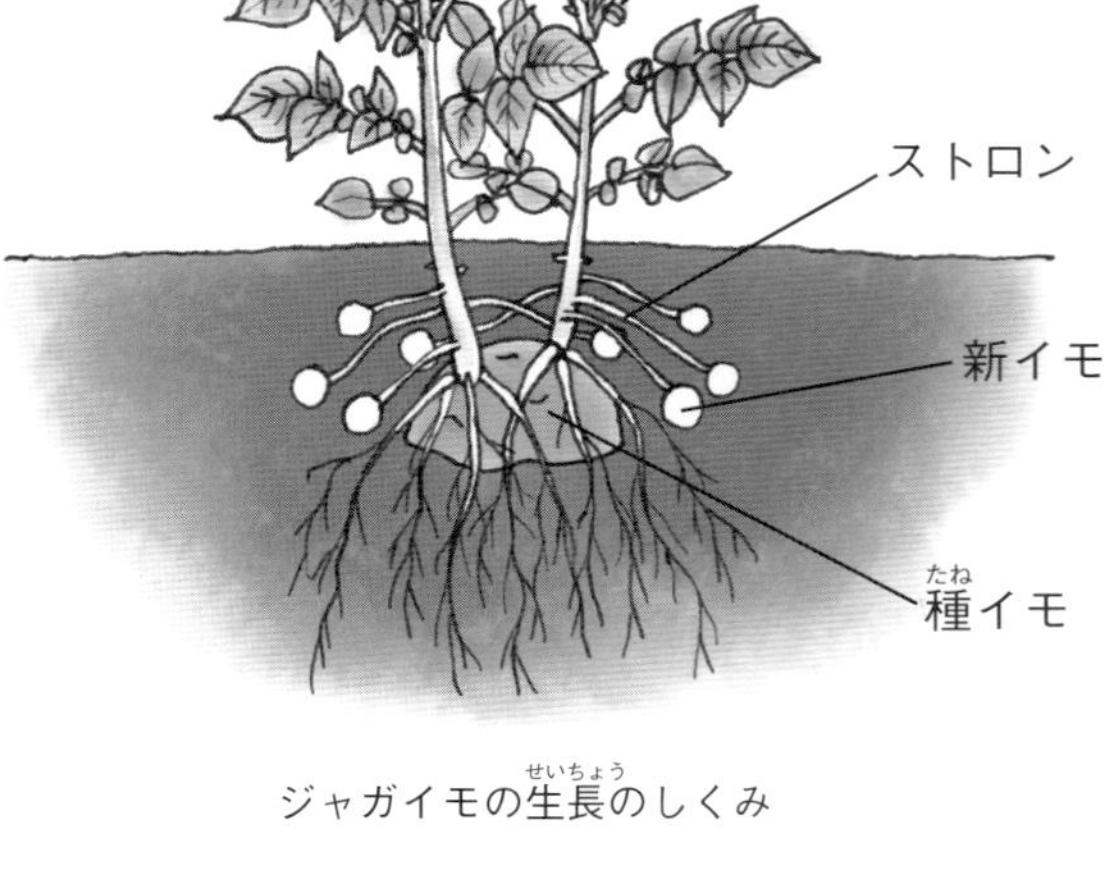

ジャガイモの生長《せいちょう》のしくみ

八月二十七日。渡部《わたなべ》さんとわたしは、豊川《とよかわ》小学校のジャガイモの収穫《しゅうかく》に参加《さんか》しました。

豊川《とよかわ》小学校は、百四十年以上《いじょう》の歴史《れきし》のある小学校です。喜多方市《きたかたし》の中心部《ちゅうしんぶ》から三キロメートルほど南に位置《いち》しており、まわりには、たくさんの田畑《たはた》があります。

ジャガイモを育《そだ》ててきたのは、三年生です。春に種《たね》イモを植《う》えてから、芽《め》かき（育《そだ》ちのよい芽《め》を残《のこ》して、余分《よぶん》な芽《め》をとりのぞくこと）をし、水やりを続《つづ》けて、大切に世話《せわ》をしてきました。

いよいよ、収穫《しゅうかく》です。

畑《はたけ》の表面《ひょうめん》では、ジャガイモの茎《くき》や葉《は》は黄色くなって、かれています。これが、ジャガイモが土の中で十分育《そだ》ったという合図です。

支援員《しえんいん》さんが、手でほりやすいように、ジャガイモのまわりの土をクワでほりおこしてくれました。

「よし、はじめよう」

支援員《しえんいん》さんのかけ声で、子どもたちは軍手《ぐんて》をはめた手で、土をほり返《かえ》しはじめました。

ドキドキの瞬間《しゅんかん》です。

すぐにいくつものジャガイモが、「待《ま》ってました！」とばかりに、土から出てきました。

「あったよ！」

「ここにもたくさん！」

あっちでもごろごろ、こっちでもごろごろと、ジャガイモがおもしろいように出てきます。

しばらくすると、みんな、手にいっぱいのジャガイモをにぎりしめていました。

「やったー！　とれたよ！」

「ジャガイモ、あったよ！」

一輪車《いちりんしゃ》にいっぱいのジャガイモが収穫《しゅうかく》できた！

収穫《しゅうかく》の喜《よろこ》びに、最高《さいこう》の笑顔《えがお》がこぼれました。

続《つづ》いて、収穫《しゅうかく》したジャガイモを、学校まで運《はこ》びます。

畑《はたけ》から豊川《とよかわ》小学校の校門までは、五百メートルほどです。

農業《のうぎょう》用の一輪車《いちりんしゃ》に、たくさんのジャガイモが積《つ》まれました。

でも、一輪車《いちりんしゃ》には大きなタイヤが一つしかついていないので、バランスをとるのが簡単《かんたん》ではありません。

「ぼくが運《はこ》ぶよ」

「おれだってやりたいよ」

「わたしもやりたい」

「じゃあ、みんなでおそう」

十人くらいの子どもが、いっせいにハンドルをつかもうとしています。

（だいじょうぶかな？）

渡部《わたなべ》さんとわたしは子どもたちの背中《せなか》を見つつ、心配《しんぱい》しながらついていきました。

みんなにおされた一輪車《いちりんしゃ》は右によろよろ、左によろよろ。

「あっ!」

ジャガイモがこぼれ落《お》ちそうなほど、かたむきました。手塩《てしお》にかけて育《そだ》てた、大切なジャガイモです。地面《じめん》に落《お》として、傷《きず》でもついたら大変《たいへん》です。

子どもたちは立ち止まり、ひそひそと相談《そうだん》をはじめました。

今度《こんど》は一人ずつ、ジャガイモを落《お》とさないようにゆっくりとおしはじめました。かわりばんこにおすことで、みんなが納得《なっとく》したようです。

一輪車《いちりんしゃ》をじょうずに使《つか》えるようになった子どもたちは、さっそうと校門をくぐっていきました。

さて、収穫《しゅうかく》したジャガイモは、どう調理《ちょうり》するのでしょうか。

農業科《のうぎょうか》では、キタアカリ、男爵《だんしゃく》、メークインの三種類《しゅるい》のジャガイモを作ります。

キタアカリはほくほくして香《かお》りがよいので、ジャガバターが最高《さいこう》です。

男爵《だんしゃく》は煮《に》るとくずれやすいので、ポテトサラダやコロッケに。メークインは、じっくりと火を入れるおでんなどが合うようです。

そのほかにも肉ジャガ、カレー、ポテトチップス、粉《こ》ふきいもなど、ジャガイモはじつにいろいろな料理《りょうり》に変身《へんしん》します。

おいしそうですね。食べたくなりましたね。

とつぜんですが、ここで川柳《せんりゅう》を一句《く》。

コロッケや　カレーライスや　はらへった

第《だい》7章《しょう》　田んぼに畑《はたけ》に笑顔《えがお》がいっぱい

九月になり、イネかりの季節《きせつ》がやってきました。

喜多方市《きたかたし》の小学校が、農業科《のうぎょうか》の授業《じゅぎょう》で使用《しよう》している田んぼを全部《ぜんぶ》合わせると、約《やく》七万平方《へいほう》メートル。東京ドームの一・五倍《ばい》です。

その広大な田んぼで、子どもたちがつぎつぎとイネを収穫《しゅうかく》していきます。

五月の田植《たう》えから四カ月がたち、あんなに小さくたよりなかった苗《なえ》が、田んぼ一面《めん》を黄金色《こがねいろ》のイネの穂《ほ》でおおうほどに成長《せいちょう》していました。穂先《ほさき》には大きくふくらんだモミがすずなりです。

熱塩《あつしお》小学校の田んぼも水ぬきがされ、準備《じゅんび》はばんたんです。水をぬくことでイネの成長《せいちょう》が止まり、地面《じめん》が固《かた》くなって作業《さぎょう》がしやすくなります。

はじめる前に、支援員《しえんいん》の小林《こばやし》さんからイネかりの説明がありました。

田んぼに立った小林《こばやし》さんは、イネの根元《ねもと》を手で持《も》って見せました。

「イネの株《かぶ》をしっかり持《も》ち、根元《ねもと》にカマをあてましょう」

子どもたちはのぞきこむように、小《こ》林《ばやし》さんの手とカマの動《うご》きを見つめます。小林《こばやし》さんはまず、親指《おやゆび》を下に向《む》けて株《かぶ》を持《も》ちました。

「このように持《も》ってはいけません。カマで親指《おやゆび》を切ってしまうかもしれないからです」

イネをかり、1束《たば》ずつまとめてしばるまでを説明《せつめい》する小林《こばやし》さん

つぎに、親指《おやゆび》を上に向《む》けて株《かぶ》をにぎりました。

「このように持《も》ちましょう。そして、カマを根元《ねもと》にあて、しっかり手もとに向《む》かってひいてください」

さあ、イネかりのはじまりです。

田植《たう》えと同じように、イネかりも全《ぜん》校児童《こうじどう》で行います。

カマを使《つか》ってイネをかるのは、五、六年生の役目《やくめ》です。小林《こばやし》さんに教わったように、しっかりと根元《ねもと》をつかんでザクッザクッと音を立てながらイネをかりとっていきます。

◯…親指《おやゆび》を上に向《む》けて持《も》つ

×…親指《おやゆび》を下に向《む》けると危険《きけん》

かりとられたイネをしばるのは、三、四年生。最初《さいしょ》はイネの重《おも》さと、モミのチクチクする感触《かんしょく》にとまどいましたが、だんだんじょうずになりました。

イネを天日干《てんぴぼ》しにするため、校舎横《こうしゃよこ》のプールまで運《はこ》ぶのは一、二年生です。小さな体で、大きな束《たば》をせっせと運《はこ》びます。

プールのフェンスには、つぎつぎにイネがかけられていきます。

プールのまわりをイネがぐるりと囲《かこ》み、まるで黄金色《こがねいろ》のカーテンのようになりました。

６年生は、なれた手つきでイネをかっていく

イネの束《たば》がプールをぐるりと囲《かこ》んだ。今年も豊作《ほうさく》だ！

「よいしょ、よいしょ」。自然《しぜん》に笑《え》みがこぼれる

秋のあたたかな日差《ひざ》しの下、子どもたちはすでにあせだくです。

田んぼのまわりには、かりとられたイネのこうばしい香《かお》りがただよっていました。

九月から十一月にかけて、農業科《のうぎょうか》のカレンダーは予定《よてい》がいっぱいです。

十一月中旬《ちゅうじゅん》までに、作物《さくもつ》はすべて収穫《しゅうかく》されます。

イネかりをした時、おじいちゃんがいつも言う言葉《ことば》を思いだした、と言う子がいました。

「一年のうちで、収穫《しゅうかく》する時がいちばんうれしいもんだ」

農業科《のうぎょうか》で体験《たいけん》した米作りは大変《たいへん》だったけれど、たくさんのお米が収穫《しゅうかく》できた時、苦労《くろう》がふき飛《と》びました。

「じいちゃんも、こんな気持《きも》ちなんだな」

農業科《のうぎょうか》のしめくくりに、その子はおじいちゃんの心を知りました。

わたしも、収穫《しゅうかく》の季節《きせつ》に「お米から命《いのち》をもらう」という、作文コンクールで聞いた針生《はりう》さんの言葉《ことば》を、改《あらた》めて思いだしていました。

子どもたちが植《う》えた苗《なえ》が、りっぱなイネに育《そだ》ち、たくさんの穂《ほ》が実《みの》りました。一粒《つぶ》の種《たね》モミから、なんと千粒以上《つぶいじょう》のお米ができるそうです。

そう考えると、一粒《つぶ》のお米は、まさにたくさんの命《いのち》のもと、ということになります。

わたしたちは、命《いのち》そのものを、ご飯《はん》としていただいているのです。

今まで、こんな当たり前のことに、気づくことができませんでした。米作りの一年を通して、実感《じっかん》することができたのです。

黄金色《こがねいろ》のイネの穂《ほ》を見つめながら、わたしはようやく、子どもたちと同じ気持《きも》ちにたどりつくことができました。

小さな種《たね》モミから育《そだ》ったイネが、たくさんの実《みの》りをもたらした

いろいろな作物《さくもつ》の収穫《しゅうかく》

大きなサツマイモでしょ

細長いカボチャが、たくさんとれました

エダマメも豊作《ほうさく》だよ！

長ネギ、サトイモ、サツマイモ……。子どもたちが春からがんばった成果《せいか》がこんなに

第《だい》8章《しょう》　走るおかわりくん

十月十五日。わたしは、塩川町《しおかわまち》にある姥堂《うばどう》小学校をおとずれました。この日が、田植《たう》えから農業科《のうぎょうか》の授業《じゅぎょう》に参加《さんか》してきたわたしにとって、最《さい》後《ご》の参加授業《さんかじゅぎょう》になります。

姥堂《うばどう》小学校は、大正時代《たいしょうじだい》に創立《そうりつ》された、九十年以上《いじょう》の歴史《れきし》がある小学校です。全校児童《ぜんこうじどう》五十人ほどの小さな学校ですが、農業科《のうぎょうか》の授業《じゅぎょう》はもちろん、学区内《がっくない》にある中眼寺《ちゅうがんじ》に伝《つた》わる中ノ目念仏太鼓《なかのめねんぶつだいこ》を練習《れんしゅう》するなど、伝統芸能《でんとうげいのう》の継承《けいしょう》にも力を入れています。

くもり空の下、校庭《こうてい》で収穫祭《しゅうかくさい》がはじまりました。

まず一年生から六年生まで、一年間に行った農作業《のうさぎょう》について発表《はっぴょう》します。

どんな野菜《やさい》を作ったか、どのくらい収《しゅう》穫《かく》できたかなどを、絵や写真《しゃしん》を使《つか》って、一生けんめい話してくれました。

発表《はっぴょう》が終《お》わると、イモ煮《に》作りにとりかかります。

まず、かまど係《がかり》の子どもたちが、支援《しえん》員《いん》さんに教えてもらいながら、地面《じめん》にほられた穴《あな》のまわりにブロックを置《お》きました。

かまどは六つ。新聞紙に火をつけて、たきぎをもやします。火はなかなか、たきぎにうつりません。

けむりがもくもくと立ちのぼりまし

農業科《のうぎょうか》でとれた野菜《やさい》を手にして発表《はっぴょう》する子どもたち

た。

「ごほっ、ごほっ」

みんな、けむたそうに目をこすります。

たきぎの水分が飛《と》び、赤い火がめらめらともえてきたら、六つのかまどに水が入った大きななべがかけられました。つぎは、調理係《ちょうりがかり》の出番です。なべの中に、さまざまな食材《しょくざい》が入れられていきます。農業科《のうぎょうか》で収穫《しゅうかく》したのはサトイモ、ニンジン、長ネギ、ジャガイモ、サツマイモ。そのほか、豚《ぶた》肉《にく》、こんにゃく、豆腐《とうふ》、ダイコン、ハクサイ、ゴボウなどが入ります。たくさんの野菜《やさい》は、前日、五、六年生がみんなを代表《だいひょう》して、食べやすいように細かく切っておきました。

具材《ぐざい》がなべの中でおどりだします。イモ煮《に》は地方によって具材《ぐざい》や味《あじ》つけがちがいますが、この日は調理係《ちょうりがかり》が、みそをといて入れていました。

なべから湯気《ゆげ》が上がり、いいにおいがしてきました。

手製《てせい》のかまどに、なべをかけます

上級生《じょうきゅうせい》は、みそをとく手つきもなれたもの

そろそろ、お昼の時間。おなかも空いてくるころです。

「味見《あじみ》してくださーい」

調理係《ちょうりがかり》の声に、子どもたちが集《あつ》まってきます。調理係《ちょうりがかり》は、集《あつ》まった子一人ひとりに味見《あじみ》をしてもらいます。

「味《あじ》がうすいよ」

「みそをもっと入れたらどう？」

みんな、なかなかのグルメです。

調理係《ちょうりがかり》は、手早くみそを足すと、自分で味見《あじみ》をしてうなずきました。

「できました！」

全校児童《ぜんこうじどう》が六班《ぱん》にわかれて、かまどを囲《かこ》んで円になりました。

それぞれしき物《もの》をしいて、持参《じさん》したおにぎりとはし、おわんをバッグからとりだします。

おわんを持《も》ってなべの前にならぶと、完成《かんせい》したイモ煮《に》を、先生がたっぷりよそってくれました。

一年分の思い出がつまったイモ煮《に》です。

「いただきまーす」

「うまい！」

「ほんとうだ。おいしいね」

あちこちから感想《かんそう》が飛《と》びだします。

「みなさん、おかわりしてくださいね」

先生が声をかけました。

すると、早くもなべにかけよって、おわんを差《さ》しだす子がいます。

「おかわりください！」

「たっぷり食べてね」

みるみるうちに、なべが空《から》になっていく……

先生も、うれしそうによそいます。

元気に飛《と》び交《か》う「おかわり！」の声とともに、つぎつぎと大きななべは空《から》になっていき、しまいにはイモ煮《に》が残《のこ》っているなべをさがして、あちこち走り回る子も出てきました。

わたしは、あっけにとられました。

「みんな、よく食べるなぁ」

具《ぐ》だくさんのイモ煮《に》だったので、わたしは一杯《ぱい》でまんぷくになりました。

六つの大なべは、すべて完食《かんしょく》。

自分の手で育《そだ》て、自分の手で調理《ちょうり》した食べ物《もの》だからこそ、よけいにおいしく感《かん》じるのかもしれません。

力強くひびく「おかわり！」の声に、子どもたちが食べ物《もの》からもらったパワーが満《み》ちあふれているように感《かん》じました。

第《だい》9章《しょう》　モニタリングポストのある風景《ふうけい》

農業科《のうぎょうか》の取材《しゅざい》をしている時、どの小学校の校庭《こうてい》にも、見なれないものがあることに気づきました。

液晶画面《えきしょうがめん》に赤い数字がうかんだ、白くて大きい、きのこのような形のものです。

先生に聞くと「モニタリングポストです」と、教えてくれました。

モニタリングポストとは、設置《せっち》された場所《ばしょ》の放射線量《ほうしゃせんりょう》を測定《そくてい》する機械《きかい》です。

喜多方市内《きたかたしない》の幼稚園《ようちえん》、保育園《ほいくえん》、小学校、中学校、公共施設《こうきょうしせつ》などには、すべて設置《せっち》されているそうです。

小学校の校舎《こうしゃ》の前や、校庭《こうてい》に置《お》かれたモニタリングポスト

どうして喜多方市《きたかたし》に、モニタリングポストがあるのでしょうか。

それは、東日本大震災《ひがしにほんだいしんさい》が発生《はっせい》した翌日《よくじつ》、二〇一一年三月十二日に東京電《とうきょうでん》力《りょく》福島第一原子力発電所《ふくしまだいいちげんしりょくはつでんしょ》でおきた、爆発事故《ばくはつじこ》のためです。

原子力発電所《げんしりょくはつでんしょ》では、ウランという物質《ぶっしつ》につぎつぎと核分裂《かくぶんれつ》をおこさせて巨大《きょだい》なエネルギーを発生《はっせい》させ、電気を作ります。

ウランが核分裂《かくぶんれつ》すると、膨大《ぼうだい》な放射性物質《ほうしゃせいぶっしつ》（放射線《ほうしゃせん》を出す物質《ぶっしつ》）が生成《せいせい》されます。

放射線《ほうしゃせん》は、一度《ど》にたくさんの量《りょう》をあびたり、少しの量《りょう》でも長時間あび続《つづ》けたりすると、健康被害《けんこうひがい》をもたらします。その放射性物質《ほうしゃせいぶっしつ》が、爆発事故《ばくはつじこ》によって、外部《がいぶ》に大量《たいりょう》にばらまかれてしまったのです。

福島第一原子力発電所《ふくしまだいいちげんしりょくはつでんしょ》は、浜通《はまどお》りとよばれる福島県東部《ふくしまけんとうぶ》の太平洋沿岸地域《たいへいようえんがんちいき》にあり、喜多方市《きたかたし》はそこから百キロメートル以上《いじょう》はなれています。ですから、爆発後《ばくはつご》に飛《と》んできた放射性物質《ほうしゃせいぶっしつ》の量《りょう》は、多くはありませんでした。

しかしこの事故《じこ》によって、福島県全体《ふくしまけんぜんたい》がその後「風評被害《ふうひょうひがい》」に見舞《みま》われたのです。

風評被害《ふうひょうひがい》とは、事実《じじつ》とは異《こと》なるうわさが広がったために、被害《ひがい》を受《う》けることを言います。

福島県《ふくしまけん》では、事故《じこ》の直後から、農産物《のうさんぶつ》にふくまれる放射性物質《ほうしゃせいぶっしつ》の測定検査《そくていけんさ》をはじめました。

少しでも汚染《おせん》のうたがいのあるものは、出荷《しゅっか》が停止《ていし》になりました。

スーパーやお店にならんだ福島《ふくしま》のお米や野菜《やさい》は、正式《せいしき》に検査《けんさ》に合格《ごうかく》したものです。

それなのに「福島《ふくしま》の農産物《のうさんぶつ》は、放射性物質《ほうしゃせいぶっしつ》に汚染《おせん》されているのではないか」という風評《ふうひょう》が、黒い雲がおおうように、全国《ぜんこく》に広がったのです。

そんな中、渡部通《わたなべとおる》さんたち教育委員会《きょういくいいんかい》の職員《しょくいん》は、葛藤《かっとう》していました。

「今年は農業科《のうぎょうか》を続《つづ》けるべきか、やめるべきか――」

三月十一日からひと月がたち、畑《はたけ》や田んぼは、ふだんなら土おこしをする時期《じき》になっていました。

喜多方市内《きたかたしない》の放射線量《ほうしゃせんりょう》は、国が示《しめ》す基準値《きじゅんち》を下回っており、県内《けんない》で最《もっと》も低《ひく》い値《あたい》でした。

しかし、小学校の保護者《ほごしゃ》からは、農業科《のうぎょうか》の授業《じゅぎょう》を行うことに対《たい》する不安《ふあん》の声がよせられていました。

「土が汚染《おせん》されているのではないですか？」

「子どもたちが土にさわってもだいじょうぶなの？」

「土が汚染《おせん》されていると、イネや野菜《やさい》も汚染《おせん》されるのでは？」

市では、市民《しみん》の不安《ふあん》をとりのぞくため、放射線量《ほうしゃせんりょう》の測定結果《そくていけっか》をホームページや市報《しほう》で細かく知らせせました。

さらに渡部《わたなべ》さんたちは、自分たちの目できちんと確認《かくにん》しようと、線量計《せんりょうけい》

（放射線《ほうしゃせん》の量《りょう》を測定《そくてい》する機器《きき》）を持《も》ち歩いて、農業科《のうぎょうか》の授業《じゅぎょう》を実施《じっし》する田んぼや畑《はたけ》の放射線量《ほうしゃせんりょう》を測定《そくてい》しました。

その結果《けっか》は、市の報告《ほうこく》と同じく国の基準値《きじゅんち》以下《いか》で、体に影響《えいきょう》をもたらす心配《しんぱい》がほとんどないレベルでした。

教育委員会《きょういくいいんかい》は、データにもとづき、各校《かくこう》の先生や保護者《ほごしゃ》たちと話しあいを重《かさ》ねました。その結果《けっか》、

「農業科《のうぎょうか》をやらない理由《りゆう》はない」

この年も農業科《のうぎょうか》を継続《けいぞく》することを決《き》めたのです。

子どもたちには、心配はないこと、土をさわったあとはよく手をあらうこと、うがいをすることが伝《つた》えられました。学校によっては、マスクや手ぶくろをして授業《じゅぎょう》を行うところもありました。

その年の十月七日、喜多方市《きたかたし》で「子ども議会《ぎかい》」が開《ひら》かれました。

喜多方市《きたかたし》の「子ども議会《ぎかい》」。子どもたちの質問《しつもん》に、市長たちが答える

これは子どもたちに地域《ちいき》のことや市の仕事《しごと》に関心《かんしん》を持《も》ってもらうために、市が毎年開《ひら》いている議会《ぎかい》です。

熱塩《あつしお》小学校六年生の女の子が、質問《しつもん》をしました。

「わたしたちの学校では、育《そだ》てた野菜《やさい》を収穫祭《しゅうかくさい》で食べたり、一人ぐらしのお年よりに配《くば》ったりしています。放射性物質《ほうしゃせいぶっしつ》はだいじょうぶでしょうか？　検査《けんさ》はどのように行われているのでしょうか？」

それに対《たい》して、山口信也《やまぐちしんや》市長はていねいに答えました。

「収穫《しゅうかく》した農産物《のうさんぶつ》は、郡山市《こおりやまし》の福島県農業総合《ふくしまけんのうぎょうそうごう》センターへ持《も》ちこみ、何段階《だんかい》にもわたり検査《けんさ》を行っています。その結果《けっか》、喜多方市《きたかたし》でとれた作物《さくもつ》は、すべて安全性《あんぜんせい》が確認《かくにん》できています」

新聞やニュースで報道《ほうどう》される福島第一原子力発電所《ふくしまだいいちげんしりょくはつでんしょ》の爆発事故《ばくはつじこ》は、風評《ふうひょう》被害《ひがい》をもたらし、いつしか子どもたちにも不安《ふあん》をあたえていました。

その不安《ふあん》を少しでもとりのぞくために、女の子は、勇気《ゆうき》を持《も》って質問《しつもん》をしたのでしょう。

なにが〝ほんとう〟であるかを自分で考え、たしかめることは、とても大切です。その知性《ちせい》と、お年よりの健康《けんこう》を気づかう思いやりを育《そだ》てたのも、農業科《のうぎょうか》なのではないかとわたしは思いました。

喜多方市《きたかたし》をはじめ福島県《ふくしまけん》の人々は、安心《あんしん》で安全《あんぜん》な農産物《のうさんぶつ》をとどけるために今も大変《たいへん》な努力《どりょく》を重《かさ》ねています。

喜多方市小学校農業科《きたかたししょうがっこうのうぎょうか》は、困難《こんなん》の中、事実《じじつ》を一つひとつ確認《かくにん》し、それを根気《こんき》よく発信《はっしん》することで、一歩一歩、前に進《すす》んでいったのです。

第《だい》10章《しょう》　希望《きぼう》をつむぐ小学校農業科《しょうがっこうのうぎょうか》

震災《しんさい》の翌年《よくとし》、喜多方市《きたかたし》に明るいニュースが飛《と》びこんできました。

小学校農業科《しょうがっこうのうぎょうか》のとりくみが、「第《だい》四十二回日本農業賞《にっぽんのうぎょうしょう》」特別部門《とくべつぶもん》「第《だい》九回食《しょく》の架《か》け橋賞大賞《はししょうたいしょう》」を受賞《じゅしょう》することになったのです。

日本農業賞《にっぽんのうぎょうしょう》というのは、日本の農業《のうぎょう》や農村《のうそん》の発展《はってん》に功績《こうせき》を残した人にあたえられる、権威《けんい》ある賞《しょう》です。

授賞《じゅしょう》の理由を説明《せつめい》した審査員《しんさいん》の言葉《ことば》の中には、つぎのようなものがありました。

――このように市内全《ぜん》小学校で長時間を使《つか》って食農教育《しょくのうきょういく》を実践《じっせん》しているところは他《ほか》に例《れい》が無《な》く、その「本気」の取《と》り組みが高く評価《ひょうか》された――

――彼《かれ》らが作った作文は、実体験《じったいけん》に根《ね》差《ざ》したすばらしいものであり、子どもたちの心のあり方も農業科《のうぎょうか》の実施《じっし》に強く影響《えいきょう》されていると思われた――

その後、喜多方《きたかた》プラザ文化《ぶんか》センターで受賞報告会《じゅしょうほうこくかい》が行われ、山口《やまぐち》市長をはじめ、農業科《のうぎょうか》をささえてきた市民《しみん》が一堂《いちどう》に集《あつ》まり、喜《よろこ》びをわかちあいました。

震災後《しんさいご》、つらい時期《じき》をたえしのんできた喜多方《きたかた》の人たちにとって、この受《じゅ》賞《しょう》はどれほどの力になったことでしょうか。

「食《しょく》の架《か》け橋賞大賞《はししょうたいしょう》」の賞状《しょうじょう》とトロフィー

ほかにも、農業科《のうぎょうか》を応援《おうえん》する人々はたくさんいます。

小学校農業科《しょうがっこうのうぎょうか》の提唱者《ていしょうしゃ》、ＪＴ《ジェイティー》生命誌研究館《せいめいしけんきゅうかん》の中村桂子館長《なかむらけいこかんちょう》は、作文コンクール作品集《さくひんしゅう》によせた文章《ぶんしょう》の中で、

――ゆめを見ているのではないかしら――

と、農業科《のうぎょうか》が実現《じつげん》した喜《よろこ》びをのべました。

農業科《のうぎょうか》がはじまる当初《とうしょ》からアドバイザーとして関《かか》わり、副読本《ふくどくほん》を監修《かんしゅう》した関東学院大学《かんとうがくいんだいがく》の佐藤幸也教授《さとうこうやきょうじゅ》は、農業科《のうぎょうか》の応援団長《おうえんだんちょう》です。

佐藤教授《さとうきょうじゅ》も作品集《さくひんしゅう》でこう語っています。

――喜多方《きたかた》の子どもたちは、水田がただ稲《いね》を育《そだ》てているだけではないことをよく知っています。喜多方全体《きたかたぜんたい》が山の恵《めぐみ》、水の恵《めぐみ》、生命《せいめい》に満《み》ちており、その中で自分たちが生きていることを、農業科《のうぎょうか》の学習《がくしゅう》を通じて理解《りかい》しています。（中略《ちゅうりゃく》）

どんな小さな命《いのち》、魂《たましい》も大切にする、ということです。農業科《のうぎょうか》で学ぶ子ど

もたちの作文は、人間にとって最《もっと》も大切なものを教えてくれています――

雪がふる二月からはじまった、農業科《のうぎょうか》の取材《しゅざい》。

それから一年を通して、田んぼや畑《はたけ》で生き生きと学ぶ子どもたちのすがたを見せてもらいました。

イネの苗《なえ》を、何度《なんど》も数え直しながら真剣《しんけん》に植《う》えていた女の子。

手強《てごわ》い雑草《ざっそう》を相手《あいて》にしても最後《さいご》まであきらめず、力を合わせてひきぬいた男の子たち。

秋空にひびいた「おかわり！」の声。

田んぼでも畑《はたけ》でも、子どもたちは体と心をいっぱいに使《つか》って、農業《のうぎょう》からたくさんのことを学びとっていました。

間近で見ていたわたしには、子どもたちがそのつど、ひと回り大きくなっていくのが見えたように思えます。

田んぼでも畑《はたけ》でも、たくさんの笑顔《えがお》に出会うことができた

喜多方《きたかた》の子どもたちは、自然《しぜん》と向《む》きあい作物《さくもつ》を育《そだ》てながら、太陽《たいよう》や水や土の大切さを知り、命《いのち》を尊《とうと》ぶ心を育《そだ》てていました。こまったことがあれば助《たす》けあい、失敗《しっぱい》してもあきらめず前に進《すす》む、温《あたた》かくしなやかな心を育《そだ》てていました。

そして自分たちを導《みちび》いてくれる支援員《しえんいん》さんや、温《あたた》かく見守《みまも》り続《つづ》けてくれる地域《ちいき》の人たちへの感謝《かんしゃ》と、ふるさと喜多方《きたかた》への愛《あい》を、胸《むね》いっぱいにふくらませていました。

そんな子どもたちのすがたは力強くて、希望《きぼう》に満《み》ちていました。

ある支援員《しえんいん》さんが、こんなことを言っていました。

「イネは自分で育《そだ》っているんだよ。わたしたちは、お手伝《てつだ》いをしているだけなんだ」

子どもたちの成長《せいちょう》も、同じなのかもしれません。

大人は子どもたちの成長《せいちょう》を願《ねが》いながらも、手伝《てつだ》うことしかできません。生きていくのは、子どもたち自身《じしん》なのです。

自分の心と体で経験《けいけん》したことは、決《けっ》してわすれません。農業科《のうぎょうか》で学んだことは「生きる力」となって、子どもたちの未来《みらい》をささえてくれることでしょう。

がんばれ！　喜多方《きたかた》の子どもたち。そして、ありがとう。

わたしは、これからも農業科《のうぎょうか》を応援《おうえん》したいと思います。

おわりに

二〇一五年、わたしの農業科体験《のうぎょうかたいけん》を本にまとめることになり、わたしは二年ぶりに農業科《のうぎょうか》の授業《じゅぎょう》に参加《さんか》しました。

青空の下、熱塩《あつしお》小学校の田んぼにはアマガエルがぴょんぴょんはねて、タニシも大きく育《そだ》っています。

長いソックスをはいた子どもたちが、校舎《こうしゃ》から元気に出てきました。田んぼのあぜには、「どろんこ祭《まつ》り」のおみこしがかざってあります。

田植《たう》えの前に、今年も「こびりタイム」がはじまりました。

子どもたちはあぜにすわり、おいしそうにこびりをほおばります。わたしもいっしょにすわりたくなって、子どもたちにたずねました。

「そこ、あいてますか?」

子どもたちが顔を見あわせたので、

「だれか来るの？」

と聞くと、

「はい、来ます。でも……」

と言いながら、小さなおしりをもそもそ動《うご》かして、

「ここにすわれるよ」

と、席《せき》を作ってくれました。わたしはうれしくてたまりませんでした。

子どもたちとならんであぜにすわると、校舎《こうしゃ》と示現寺《じげんじ》の山が見えました。

（わたしも、少しは喜多方《きたかた》っ子になれたかな）

子どもたちといっしょに、こびりタイム。写真《しゃしん》右はしが著者《ちょしゃ》

友だちとほおばるこびりの味《あじ》は、格別《かくべつ》でした。

今年も喜多方市《きたかたし》の子どもたちは、農業科《のうぎょうか》で学び続《つづ》けています。喜多方市《きたかたし》教育委員会《きょういくいいんかい》の職員《しょくいん》さん、農業科支援員《のうぎょうかしえんいん》さん、先生方、地域《ちいき》の人々、そして保護者《ほごしゃ》のみなさんも、そんな子どもたちを力強くささえています。

わたしが見た喜多方市《きたかたし》の田んぼでも畑《はたけ》でも、子どもたちの笑顔《えがお》はかがやいていました。

この本を通して、農業《のうぎょう》から生きる力を学び、成長《せいちょう》していく喜多方《きたかた》の小学生のすがたが、一人でも多くの読者《どくしゃ》にとどくことを願《ねが》っています。

二〇一七年四月

浜田尚子《はまだなおこ》

《解説《かいせつ》》生命《いのち》の泉《いずみ》から水をくむ人々〜美《うつく》しき喜多方市《きたかたし》

喜多方《きたかた》の人々は、山川草木《さんせんそうもく》すべての生命《いのち》の息《いき》づかいを受《う》け止め、いつくしみを抱《いだ》いてくらしています。その伝統《でんとう》と文化《ぶんか》を次世代に受けわたす中心的役割《ちゅうしんてきやくわり》を、小学校《しょうがっこう》農業科《のうぎょうか》が果《はた》たしています。すべての生命《いのち》と育《そだ》ちゆく子どもたちの魂《たましい》をこれほど誇《ほこ》りとして集《つど》いあう教育《きょういく》は希《まれ》でしょう。地域《ちいき》の人々や教職員《きょうしょくいん》のおだやかなまなざしの中で生き生きと学ぶ子どもたちのすがたが、この本には描《えが》かれています。

子どもたちは支援員《しえんいん》さんにはげまされ、作物《さくもつ》や小さな生命《いのち》に学んでいます。太陽《たいよう》と飯豊山系《いいでさんけい》など広大な森林の恵《めぐ》み、田畑《たはた》をうるおし清《きよ》らかに流《なが》れる水、先祖《せんぞ》から耕《たが》し続《つづ》けた土壌《どじょう》、これらが融合《ゆうごう》して生まれる作物《さくもつ》など、すべてが教材《きょうざい》です。子どもたちはそれらを情緒的《じょうちょてき》に学ぶだけでなく、科学として学んでいます。

喜多方《きたかた》の人々は「子は天からのさずかりもの」と考え、協力《きょうりょく》しあっています。このことは、今日《こんにち》の日本社会では、とりわけ大切なことなのです。保育園《ほいくえん》の建設反対《けんせつはんたい》運動《うんどう》すら起《お》こる昨今《さっこん》、日本人が築《きず》いてきた子どもをいつくしむ社会と文化《ぶんか》が、こわれようとしているからです。

喜多方市小学校農業科《きたかたししょうがっこうのうぎょうか》には、全国《ぜんこく》から視察《しさつ》が相次《あいつ》いでいます。教育《きょういく》にたずさわる大人たちは、喜多方《きたかた》の子どもたちの学びの事実《じじつ》を、しっかりと受《う》け止めてほしいと思います。

小学校教育《きょういく》は、人生の基礎《きそ》を築《きず》く最《もっと》も重要《じゅうよう》な場です。子どもたちは農業科《のうぎょうか》で人々のくらしのかけがえのなさを知り、大人や世界《せかい》に対する信頼《しんらい》を学んでいます。虫を愛《あい》らしいと感《かん》じ、雑草《ざっそう》も命《いのち》あるものと受《う》け止め、すべての生命《いのち》のつながりに思いをはせる感性《かんせい》を育《そだ》てています。世界《せかい》の不思議《ふしぎ》をときあかしながら、自分の生き方を考え、未来《みらい》への希望《きぼう》を持《も》って家族《かぞく》や友だちと紡《つむ》ぎあう学びが、喜多方《きたかた》にはあります。

それを描《えが》こうと苦闘《くとう》した浜田《はまだ》さんの手により、このような「喜多方賛歌《きたかたさんか》」が生まれたことを喜《よろこ》びたいと思います。

子どもたちの歓声《かんせい》ときらめく瞳《ひとみ》が、喜多方《きたかた》の地に満《み》ちています。

関東学院大学教授《かんとうがくいんだいがくきょうじゅ》　博士《はくし》（情報《じょうほう》科学・社会構造変動論《こうぞうへんどうろん》）　佐藤幸也《さとうこうや》

≪監修≫
佐藤幸也

≪協力≫
喜多方市教育委員会
喜多方市立小学校全校
農業科支援員のみなさん
（敬称略）

≪参考文献≫
『喜多方市小学校農業科』
（喜多方市小学校農業科推進協議会・喜多方市教育委員会）
『喜多方市小学校農業科作文コンクール作品集』（喜多方市教育委員会）

≪写真提供≫
喜多方市教育委員会：カバーそで、口絵P2、口絵P3上・下、口絵P4、P33下、P54下、P57、P82上、P91、P93、P94、P97、P98、P99、P113、P117
渡部裕：口絵P1上、P11左
著者：口絵P1下、口絵P3中、P8、P15、P36、P43、P45、P52、P54上、P66、P69、P71、P85、P86、P101、P103、P105、P108上

≪本文イラスト≫
小川みほこ

※本書に登場する団体名や人物の肩書は、取材当時のものです

浜田尚子（はまだ なおこ）

福岡県生まれ。東京都立神代高校卒業。「リンゴ畑の天使」で第2回子どものための感動ノンフィクション大賞優良作品賞を受賞。著書に、同作品をまとめた『リンゴの老木とフクロウ』（文芸社）、共著に、『ほんとうに心があったかくなる話　4年生』（日本児童文学者協会編／ポプラ社）、『ごちそう大集合3　ラーメンだいすき！』（日本児童文学者協会編／偕成社）などがある。日本児童文学者協会、日本児童文芸家協会会員。山梨県在住。

感動ノンフィクションシリーズ

田んぼに畑に笑顔がいっぱい

喜多方市小学校農業科の挑戦

2017年4月30日　第1刷発行

著者＝浜田尚子
発行者＝水野博文
発行所＝株式会社佼成出版社
〒166-8535 東京都杉並区和田2-7-1　電話（販売）03-5385-2323（編集）03-5385-2324
印刷所＝株式会社精興社
製本所＝株式会社若林製本工場
表紙デザイン＝藤井 渉（エイトグラフ）

http://www.kosei-shuppan.co.jp/

落丁本・乱丁本は送料小社負担にてお取り換えいたします。

ISBN978-4-333-02755-2 C8336 NDC916/128P/22cm